사르트르가 들려주는
실존 이야기

사르트르가 들려주는

실존 이야기

ⓒ 심옥숙, 2007

초판 1쇄 발행일 2007년 1월 31일
초판 12쇄 발행일 2021년 4월 28일

지은이   심옥숙
그림   이정화
펴낸이   정은영

펴낸곳   (주)자음과모음
출판등록   2001년 11월 28일 제2001-000259호
주소   04047 서울시 마포구 양화로6길 49
전화   편집부 (02)324-2347, 총무부 (02)325-6047
팩스   편집부 (02)324-2348, 총무부 (02)2648-1311
e-mail   jamoteen@jamobook.com

ISBN 978-89-544-1967-3 (64100)

사르트르가 들려주는
실존 이야기

심옥숙 지음

(주)자음과모음

책머리에

이 책은 현대 철학의 흐름을 대표하는 프랑스의 철학자 사르트르(Jean Paul Sartre, 1905~1980)의 사상을 이야기로 풀어 쓴 것입니다. 누구나 쉽게 이해하고 그 의미를 일상생활과 주변에서도 찾아볼 수 있도록 가능한 한 쉽게 쓰고자 노력했습니다.

사르트르는 철학자이면서 동시에 많은 문학 작품을 쓴 작가이기도 합니다. 1938년 실존주의 문학의 대표작인 《구토》를 펴낸 것을 시작으로 《자유에의 길》 등의 소설과 《존재와 무》 등의 철학책을 펴냈습니다.

그는 철학과 문학을 자신의 작품 속에서 하나의 통일된 것으로 표현하려 했고, 이러한 노력은 많은 사람들에게 공감을 얻어 노벨 문학상을 수상하게 되었습니다. 하지만 그는 노벨 문학상 받기를 거절한 것으로도 유명하지요.

사르트르의 사상을 일컬어 실존 철학이라고 합니다. 이 책에서는 실존 철학을 이해하는 데 가장 중요한 개념들을 단순하게 설명하기보다는 우리 주변에서 흔히 볼 수 있는 가족의 이야기, 특히 온조와 비류라는 형제의 흥미로운 이야기를 통해서 알아보려고 합니다. 실존 철학은 우리의 일상생활과도 깊은 관계가 있기 때문입니다.

실존은 이 단어가 뜻하는 것처럼 실제로 존재하는 것, 다시 말해 사람이 이론적이고 추상적인 존재로 있는 것이 아니고, 구체적으로 참되게 있음, 즉 참된 삶을 사는 것을 말합니다. 그렇다면 참된 있음이란 무엇일까요? 사르트르는 사람의 참된 있음은 개인의 상황과 자유로운 선택에 따라서 달라진다고 말합니다.

사람은 태어났을 당시의 모습과 조건 그대로 일생 동안 변화 없이 살아가는 것이 아니라 끊임없이 자신의 의지와 자유로운 본성에 의해서 새로운 선택을 하고, 그렇게 하면서 늘 변화를 추구하며 새로운 자신을 만들어 갑니다. 이러한 의미에서 사르트르는 사람은 어떤 정해진 본질을 가지고 태어나는 것이 아니라 먼저 실존한다고 말했습니다.

물론 누구나 다 다르면서도 일정하게 정해진 조건을 가지고 태어납니다. 그러한 조건은 스스로 선택할 수 없는 것들입니다. 예를 들어 우리는 태어나는 나라, 집안, 시간 등을 마음대로 결정할 수 없습니다.

하지만 이러한 조건들은 우리의 실존을 방해하거나 막을 수 없습니다. 왜냐하면 사람은 자유로운 선택을 통해서 자신이 속한 상황의 불리한 점을 개선하면서 자신의 실존을 실천하고 그 의미를 채워 갈 수 있으니까요. 그래서 자유는 실존 철학을 이해하는 데 있어 가장 중요한 개념입니다.

  사르트르의 실존 철학은 자유를 바탕으로 사람의 본질을 설명합니다. 사람은 누구나 자유로울 수밖에 없다는 것입니다. 자유가 곧 사람의 운명이고 사람의 참된 삶을 가능하게 해 주는 조건이라고 말합니다. 자유는 우리가 원해서 주어진 것이 아니라는 뜻입니다. 이 말의 의미는 우리가 하는 모든 일은 원해서 했든 그렇지 않든 우리 스스로 선택한 것이라는 뜻이기도 합니다. 따라서 결과에 대한 책임도 스스로 져야 한다는 것을 강조합니다.

  다시 말해 실존 철학에서 말하는 자유는 자신이 순간적으로 원하는 것만을 생각하는 소극적인 것이 아니고, 남의 생각에 어쩔 수 없이 끌려가거나 주위의 시선 때문에 자신의 의지를 포기하는 것은 더더욱 아닙니다. 처음부터 책임과 의무를 함께 생각하는 적극적 자유입니다. 이러한 적극적 자유는 어떤 변명이나 회피도 허락하지 않을 뿐만 아니라, 한 걸음 더 나아가 이웃과 함께하는 참여와 동참을 실천하는 것입니다.

  사르트르의 실존 철학은 개인의 자유와 의지만을 중요하게 생각하지 않았습니다. 그는 참된 실존은 이웃과 주변을 함께 생각하는 것이라고 주장했습니다. 그의 철학은 현대인에게 꼭 필요하고, 가장 부족한 사상적 내용을 말한다고 할 수 있습니다.

  이러한 그의 사상은 많은 사람들에게 영향을 주었습니다. 사람들은 자신이 정해진 목적을 위한 수단으로써 이 세상에 태어난 것이 아니라, 스스로 자신의 존재 의미를 만들어 가고, 자신에게 주어진 자유의 의미를 참여를 통해 실현하면서 더 많은 사람들과 함께할 수 있음을 깨닫게 되었지요. 사르트르의 사상은 철학과 문학을 비롯한 사회의 여러 부문에 큰 영향을 끼쳤고, 지금은 20세기 현대 철학의 가장 중요한 한 사람으로 꼽히고 있습니다.

여러분은 이 책을 통해 참된 삶과 진정한 자유의 의미를 생각해 보고, 또한 자신의 일을 스스로 선택하고 그것에 대해서 책임을 다하는 것이 왜 중요한지를 다시 한 번 되짚어 보기를 바랍니다.

끝으로 유익하고 재미있는 철학 이야기책이 되도록 많은 도움을 주신 (주)자음과모음의 편집부 여러분께 감사드립니다.

2007년 1월
심옥숙

C O N T E N T S

예감 나쁜 날

 오늘날 우리의 자유란, 자유를 위해 싸우는 자유로운 선택 이외에
아무것도 아니다.

— 사르트르

1 이상한 나라의 우리 형

우리 형에 대해 들려 드릴까요.

나 참 기가 막혀서. 이걸 어디 가서 말하자니 믿어 줄 사람도 없을 것 같고, 그렇다고 엄마가 지난여름에 담가서 밀봉해 둔 매실주 유리병 뚜껑마냥 입을 꾹 다물고 있자니 속이 부글부글 끓어오른답니다.

그래서 참다못해 한 마디 하려고 하니 마구마구 흔들어 딴 캔에서 콜라가 솟구치듯 할 말이 쏟아져 나오는데 어디서부터 이야기를 시자해야 하 ㅏ 난간합ㄱ ㅣ다.

고 3이면 다예요? 고 3은 손에 금테를 둘렀나요, 발에 다이아몬드를 박았나요? 완전 뻔뻔함의 지존이라니까요. 성질 나쁜 건 이미 알고 있었으니 그렇다고 쳐요. 그래도 손끝 하나 까딱 않고 사람을 종 부리듯 하는 것은 정말 너무한 거 아닌가요?

어쩌면 그렇게 꼼짝 않고 누워서 이것 갖고 와라, 저것 갖고 와라 시키기만 할까요? 내 속이 얼마나 시커멓게 탔는지 지금이라도 당장 양말 속 뒤집듯 홀라당 뒤집어서 보여 주고 싶답니다.

솔직히 먹을 것도, 입을 것도 다 형 위주로 해 주는 엄마가 야속하기도 했지만 그래도 꾹 참았어요.

고 3이니까!

일생일대의 한판 승부를 해야 하니까!

그런데 이제는 더 이상 못 참겠어요. 허구한 날 입으로 사람을 부려 먹는데, 아무리 인간성 좋기로 소문난 나이지만 앞으로 할 말은 하며 살고 싶습니다.

사람이 말을 못하면 입에 거미줄 치고, 더 심하면 오뉴월에 김치 썩는 냄새가 나서 못쓴다고 우리 할머니가 자나 깨나 말씀하셨답니다.

나는 할머니 손에서 자랐어요. 엄마는 일을 하느라 바빠서 형 하나 데리고 있기도 힘들었대요. 그래서 내가 학교에 다니기 전까지는 할머니에게 맡길 수밖에 없었다고 해요. 지금 생각해 보면 그때가 내 인생의 황금기가 아니었나 싶어요.

머루, 오디, 살구, 복숭아, 옥수수, 산딸기, 밤, 대추, 감…… 산이며 들이며 어디든 먹을 게 널려 있었지요. 이거 해라 저거 해라 잔소리하는 사람도 없었고요. 배고프면 먹고, 졸리면 자고, 놀고 싶으면 놀고 뭐든 나 하고 싶은 대로 할 수 있었어요.

봄에는 할머니랑 나물 뜯으러 가고요.

여름에는 동네 친구들이랑 강에서 헤엄을 치거나 물고기를 잡지요.

가을에는 할머니 일을 거드느라 좀 바빴어요.(할머니는 가을은 '부지깽이 손이라도 빌리고 싶을' 정도로 바쁜 계절이라고 하셨어요. 이 말의 정확한 뜻은 모르겠지만 하도 바쁘니까 일 하는 데 도움 되는 것이라면 무엇이든 빌려 쓴다는 의미가 아닐까요? 부지깽이가 뭐냐고요? 옛날 부엌에서 불 지필 때 쓰던 기다란 나무 막대기 같은 거예요.)

겨울 한낮에는 꽁꽁 얼어붙은 냇가에서 썰매를 타거나 얼음낚시

나의 행복을 방해하는 건 '나'

를 하고, 한밤중에 잘 익은 고구마에 동치미 국물을 먹다 보면 세상 부러울 게 없었어요. 완전한 자유가 나와 함께 했었지요. 그 때가 좋았다고 말하면 엄마는 이렇게 말씀하세요.

"지나고 나니까 그 때가 참 행복했다는 생각이 들지? 하지만 그렇게 생각하는 것 자체가 부질없는 일이란다. 간절히 원한다고 그 시절로 되돌아갈 수 없을 뿐만 아니라 너에게 행복을 주는 동기들이 다 외부에 있거든. 너 자신이 너의 행복을 방해하는 것이란다. 지금 당장은 학교에서나 집에서나 공부하라고 다그치니까 자유롭지 않은 것 같겠지만 이렇게 살아 있는 것 자체가 자유라는 것을 깨달았으면 좋겠다. 그런데 사는 것을 그만둘 수는 없겠지? 그래서 너는 그만두기 힘든 아주 큰 자유를 가지고 있는 거야. 그러니까 우리 아들, 그냥 감사한 마음으로 공부나 열심히 하는 게 어떨까?"

내게는 엄마의 이 말이 공부 열심히 하라는 말로밖에 들리지 않았지만 나에게 그런 시절이 있었다는 것은 정말 감사하게 생각해요. 게다가 할머니로 말할 것 같으면, 동네에서 목청 하나는 '기가 멕히게' 좋았는데요, 흥이 나서 노래 한 곡을 국수 가락 뽑듯 쭈우욱 뽑을라치면 온 동네 사람들이 덩실덩실 어깨춤을 출 정도였지요.

할머니가 특히 잘 부르던 것은 판소리 〈춘향가〉 중에서 '사랑가'와 〈흥부가〉 중에서 흥부 박 타는 대목이었는데, 동네 할아버지의 표현을 빌리면 오금이 저릴 만큼 잘 부르셨대요. 하긴 판소리의 판 자도 모르는 꼬마인 내 귀에도 할머니의 노랫소리는 제법 듣기 좋았으니까요.

또 할머니는 입담이 아주 좋으셨어요. 할머니가 이야기보따리를 풀어 놓으면 아이들은 집에 갈 생각을 않고 눈을 빛내며 할머니의 이야기를 들었답니다. 엄마는 내가 말대꾸라도 하면 '쥐방울만 한 게 할머니 닮아서 입만 살았다'고 말씀하세요. 이게 칭찬인지 욕인지 헷갈리지만, 할머니는 말씀을 아주 잘하셨어요.

어라, 할머니 이야기를 왜 이렇게 길게 하고 있지? 형 이야기를 하다가 또 옆으로 새 버렸네요. 꼭 이렇다니까요. 한 가지 이야기를 하다가 나도 모르게 종종 삼천포로 빠지거든요. 하지만 걱정 마세요. 한참을 돌더라도 다시 제자리로 돌아오긴 하니까요. 믿기 힘들다고요? 에이, 속고만 살았나. 한번 믿어 보시라니까요, 글쎄.

다시 형 말인데요. 그 인간에 대해서 말하자면 3박 4일도 부족할 거예요. 그동안 내가 침고 살아온 시간이 얼마나 되는지 아세요? 무려 6년이라고요.

엄마는 내게 무한한 자유가 있다고 하셨지만 할머니 곁을 떠나 엄마와 아빠, 형이랑 살게 된 후부터 행복 끝, 불행 시작이었습니다. 아무리 원해도 되돌아갈 수 없다는 것을 알고 있지만 아직도 그 때가 그립답니다.

나처럼 어린아이가 과거를 그리워하다니 지금이 나에게 얼마나 힘든 시기인지 아시겠죠?

그런데 요즘 형의 존재를 새로 알게 되었다고 할까, 아니 그동안 완전히 속고 살았다고 할까, 너무 혼란스러워서 어떻게 해야 할지 모르겠어요. 정말 형에게 〈올드 보이〉라는 영화에서처럼 '넌 누구냐?' 라고 묻고 싶다니까요.

우리 형이 누굽니까? 백제슈퍼의 큰아들. 무식하고 힘만 센 한 비류. 게으르기로 따진다면 나무늘보가 울고 갈 정도이고, 먹는 걸로 따진다면 스모 선수랑 맞장 뜨고, 잠으로 따진다면 몇 달씩이나 꼼짝 않고 겨울잠을 자는 곰이나 보아뱀 정도는 될 걸요.

그런데 이럴 수가 있나요! 이렇게 요상하고 해괴한 일은 머리털 나고 처음입니다. 그 일만 생각하면 아직도 가슴이 벌렁벌렁하답니다. 잠깐 진정 좀 하고, 심호흡도 좀 하고, 하나부터 열까지, 꼬치에 꿰인 어묵처럼 주르륵 다 이야기해 드릴게요. 진짜 이상한 나라의 우리 형에 대해서 말이에요.

2 이게 무슨 짓이야!

며칠 전 일입니다. 숙제를 하려고 형의 방으로 갔어요. 컴퓨터가 거기에 있거든요. 컴퓨터 한 번 쓸 때마다 형에게 온갖 아부와 심부름에 심지어 안마까지 해야 하니 치사해서 피시방에라도 가고 싶지만 그럴 수도 없답니다. 집에 멀쩡한 컴퓨터 놔두고 왜 피시방에 가느냐고 엄마가 돈을 안 주니까요. 그러니 눈물을 머금고 형에게 부탁할 수밖에 없습니다.

형의 존재는 내 삶에 있어 걸림돌이 분명합니다. 존재라는 말이

나왔으니 말인데요, 존재는 있다는 것 그 자체잖아요. 그런데 있으려면 어떤 것이 있는가가 중요하잖아요. 내가 있다, 아빠가 있다, 엄마가 있다, 형이 있다, 컴퓨터가 있다. 으으윽! 그런데 형이 있다는 사실은 내가 마음대로 컴퓨터를 할 수 없게 만드는 커다란 장애물이 된답니다. 그럼에도 나는 모든 것이 그 자체로 존재함을 알기에 꾹 참습니다.

그날도 형의 기분이 좋기만을 바라며 조심스럽게 방문을 두드렸는데 아무 소리가 안 나는 거예요. 허락 없이 문을 열었다가는 어떤 봉변을 당할지 몰라서 다시 한 번 '정중하게 예의를 갖추어 최대한 조심스럽게' 다시 한 번 두드렸답니다.

이번에도 역시 아무 반응이 없었어요. 이쯤 되면 열 받지요. 아니 내가 게임을 합니까, 야한 동영상을 봅니까, 채팅을 합니까, 그냥 숙제 좀 하겠다는 거 아니에요.

말이 나왔으니 말인데요, 인터넷에서 자료를 다운 받아 짜깁기하는 녀석들이 많거든요. 자신의 생각을 쓰는 독후감조차 말이에요. 책 줄거리 쓰는 건 말할 것도 없고 심지어 느낀 점까지 여기저기서 내려 받는다고요. 책을 성실하게 읽고 느낀 점을 솔직하게 써 간 사람이 오히려 짜깁기한 녀석보다 점수가 더 안 나올 때도 있어요.

또 삼천포로 빠졌네요. 워낙 흥분을 잘해서요. 엄마는 내가 할머니를 닮아 성질이 불같다고 말씀하세요. 하지만 성질 나쁜 걸로 따지면 엄마와 형도 절대 만만치 않거든요. 나는 두 사람에 비하면 천사라고요, 천사.

조금, 정말 아주 조금 열이 받아서 문을 열었지요. 절대 신경질적으로 열지 않았어요. 그래도 혹시라도 함부로 문 열었다고 베개며 책이며 방 안에 있는 무엇이 날아올지 몰라서 일단 두 눈을 꾹 감고 고개를 최대한 숙였습니다.

지난번에 무심코 문을 열었다가 날아온 책 모서리에 맞아 축구화에 패인 운동장처럼 이마에 깊게 상처가 난 적이 있었거든요. 그놈의 성질머리하고는, 내 형이지만 그럴 때는 절로 설레설레 고개를 젓게 된다니까요.

만반의 준비를 하고 K1 챔피언 타이틀 매치 자세를 하고 있는데, 아무것도 날아오지 않는 거예요. 이상하다. 분명히 형이 방에 들어가는 것을 봤는데. 눈을 살짝 떴어요. 텅 빈 방에 형은 없고 컴퓨터만이 책상 위에 덩그러니 놓여 있었습니다.

컴퓨터가 켜져 있는 걸 보니 멀리 간 것 같지는 않았어요. 순간

이걸 써야 하나 말아야 하나 고민에 빠졌지요. 괜히 손댔다가 뼈도 못 추릴 일이 생길 수도 있으니까요.

그 때였어요. 전화벨이 울렸어요. 얼마나 깜짝 놀랐는지 천장에 머리가 닿을 정도로 펄쩍 뛰었답니다.

'저…… 저 벨 소리는…… 틀림없는 형이야!'

믿을 수 없겠지만 이건 경험에서 우러나온 건데요, 형이 거는 전화는 벨 소리부터 다르답니다. 뭐랄까, 더 포악하다고나 할까, 으르렁거린다고나 할까, 빨리 안 받으면 죽어 하고 소리 지르는 것 같다고나 할까. 나는 눈썹 휘날리게 뛰어갔습니다.

"여보세요? 어? 형? 뭐 하긴…… 그냥 있었지. 아, 아냐. 형이 나간 것도 몰랐는데. 응? 엄마? 슈퍼에 있겠지. 컴퓨터? 모르겠는데. 확인해 봐? 잠깐만."

역시 형이었어요. 급하게 나가느라 컴퓨터를 끄지 못했으니 꺼 달라고 했어요. 그 때만큼 내 머리가 핑핑 돌아간 적도 없었을 거예요. 왜 그랬는지 모르겠지만 너무 자연스럽게 거짓말을 하고 말았답니다. 일부러 형의 방까지 다시 갔다 와서 착한 동생의 목소리로 말했지요. 이렇게요.

"컴퓨터 꺼져 있는데. 그런데 형, 언제 와? 나 숙제 할 거 있는

네……. 오늘 꼭 해야 하는데……. 내일까시 안 해 가면……. 신짜? 알았어. 고마워, 형."

아싸, 이게 웬 떡이에요. 컴퓨터를 독차지할 수 있다니. 오늘은 평소의 형이 아닌 것 같았어요. 나는 너무너무 신나서 덩실덩실 춤을 추다가 곧 정신을 차리고는 바람보다 빠르게 형 방으로 달려갔지요.

게임하자, 게임!

평생 한 번 올까 말까 한 기회를 버릴 수가 있나요. 숙제는 일단 나중이고 게임부터 하기로 마음먹었지요. 컴퓨터 앞에 앉자 감격스러워서 눈물이 날 뻔했습니다.

이렇게 행복할 수가! 정말 이 순간까지 살아 있길 잘했어. 그래, 나쁜 형만은 아닌 거야. 살다 보니 이런 날도 오는구나.

온조야, 정말 장하다. 한온조 힘내서 사는 거야.

감격에 겨워 화면을 쳐다보는 순간, 잠시 여기가 어디인가 하는 착각에 빠졌습니다. 엄청난 꽃미남이 내 얼굴을 지그시 바라보고 있었거든요.

이게 누군가? 형 친구인가? 형 친구 중에 이런 인물도 있었나?

화면 속 문제의 인물을 유심히 쳐다보았습니다. 어디선가 본 듯도 했습니다.

45도 각도로 비스듬히 고개를 돌려 살짝 위로 들어 올린 얼굴, 이게 바로 말로만 듣던 얼짱 각도! 파르르 살짝 내리뜬 속눈썹, 우수에 젖은 눈동자, 감정이 풍부한 얼굴, 뽀얀 피부.

허허허, 뉘 집 자식인지 인물 참 좋다. 이 블로그 주인 이름은? 비류월드?

나는 보고 또 보았습니다. 믿을 수가 없었어요. 아직도 그 때를 생각하면 한밤중에 화장실에서 귀신이라도 본 것처럼 가슴이 벌렁벌렁 뛴답니다.

게다가 형의 블로그에는 알 수 없는 어려운 말이 잔뜩 쓰여 있었어요. 예를 들면 다음과 같답니다.

내가 누구인가를 묻기 전에 나는 누구이고 싶은가를 물어라.

－사르트르

이게 무슨 귀신 씨나락 까먹는 소리라요?

또 나도 모르게 흥분했군요. 급하거나 놀라면 사투리가 튀어나와요. 어렸을 때 할머니한테 배운 거죠. 형이 드디어 미친 걸까요? 형이 내 눈앞에 있었나면 분명 이렇게 소리쳤을 거예요. 이게 무슨 짓이야!

3 부탁이야, 제발 돌아와 줘

며칠이 지났습니다.

그날 형의 블로그를 보느라 결국 숙제도 못 해 가서 담임 선생님에게 엄청 혼이 났지요. 혼이 쑤욱 빠져 나간 것만 같았습니다. 아니 유체 이탈을 하고 있는 건 형인지도 모르지요. 정말이지 간절히 말하고 싶었어요.

'비류 형, 그건 아니잖아~ 부탁이야, 제발 돌아와 줘.'

내가 형의 블로그를 보았다는 것은 비밀이에요. 그 사실이 형의 귀에 들이가는 순긴, 나는 바로 죽어요. 형의 성질, 긴밀 필요 없어요. 백제슈퍼 큰아들 하면 우리 동네에서 알 사람은 다 알지요. 뭐 그다지 자랑할 만한 건 아니지만요.

그런데 정작 큰일은 나한테 생겼답니다. 형의 블로그에 있던 그 귀신 씨나락 까먹는 소리 말이에요.

'내가 누구인가를 묻기 전에 나는 누구이고 싶은가를 물어라.'

이 녀석이 어찌나 질긴지 밥을 먹을 때도, 길을 걷다가도, 엄마 대신 슈퍼를 볼 때도 생각이 나지 뭐예요. 정말이지 껌도 아니고 엿도 아닌 것이 내 머릿속 깊숙한 곳에 철썩 달라붙어서 도무지 나갈 생각을 않는 거예요.

그게 무슨 뜻일까요? 형은 그 뜻을 알고 있을까요? 형이 알고 있다고 해도 형한테 물어볼 수는 없어요. 그렇다고 잘 돌아가지 않은 머리를 굴리려니 죽을 맛이에요. 그러다 보니 아무 생각 없이 하루하루 먹을 것만 생각하던 나도 '진짜 생각'이라는 것을 하게 되었습니다.

사실 13년을 살아오면서 나에게 가장 중요한 것은 '오늘 반찬은 뭘까' 라는 것이었어요. 아주 가끔, 가물에 콩 나듯, 내가 수학 시험을 다 맞거나 하면 엄마는 기분이 좋아 돼지 불고기를 해 주시는데요, 그런 날은 밥을 세 그릇도 먹을 수 있어요.

엄마는 소문난 짠순이예요. 기껏 밥상에 올라오는 반찬이라고 해 봐야 김치, 김치 볶음, 김치찌개, 김치 부침개, 김칫국 등 김치로 하는 온갖 요리와 콩장, 멸치 볶음 같은 것들이에요.

내가 반찬 투정이라도 할라치면 엄마는 금방 도끼눈이 되어서 잔소리를 해 대고, 그럼 나는 끽소리도 못하고 밥 한 그릇을 다 비운답니다.

세상에 무서울 것이 없는 형도 엄마한테는 꼼짝 못합니다. 고 3이 된 후로는 상황이 형에게 조금 유리하게 변한 것 같지만 그래도 형 마음대로 할 수 있는 건 아니거든요. 형 블로그에 보니까 이런 말이 있더라고요. '인간은 자유를 선사받았지만 동시에 이 자유는 지옥과 같은 것이다. 내 운명을 내가 알아서 해야 한다는 것은 모든 행동에 책임을 져야 한다는 것이다.' 그것만큼 큰 짐도 없을 것입니다. 형은 고 3이 된 후로 그런 형벌을 받고 있는 것이지요. 스스로 자신의 존재를 책임져야 하는 형벌 말이에요.

엄마가 한 번 화가 났다 하면 그날은 형과 나의 제삿날이에요. 복날 삼계탕이 되기 직전의 털 뽑힌 닭 신세도 우리 형제보다는 나을 거예요.

엄마 말로는 자기도 소녀 시절에는 부끄러움이 많아 다른 사람과 눈도 못 맞추고 말도 제대로 못했다고 해요. 지금의 엄마를 보면 이걸 믿어야 할지 말아야 할지 알 수 없지만, 뭐 엄마 말이니까 믿기로 했어요. 하긴 여자 혼자 몸으로 형제를 키워야 했으니 억척스러워질 수밖에 없을 것 같기도 하고요.

아빠는 내가 아주 어렸을 때 돌아가셨기 때문에 아빠 얼굴은 잘 기억이 안 나요. 그냥 사진을 보고 이렇게 생긴 사람이었나 보다 하지요. 아빠는 대학 문턱에도 가지 못했지만 역사책을 좋아해서 우리 형제 이름도 비류와 온조로 지은 거래요. 또 슈퍼 이름도 백제슈퍼잖아요. 엄밀히 따지면 백제를 세운 사람은 온조이지만 아무려면 어때요.

언젠가 엄마에게 왜 하필이면 백제를 세운 사람을 우리 형제 이름으로 붙였느냐고 물은 적이 있어요. 아빠는 꼭 아들 형제를 두고 싶어 했는데, 주몽 혼자 나라를 세운 고구려도, 여러 사람이 힘을 모아 나라를 세운 신라도 아닌 형제가 뜻을 모아 한 나라를 일으킨 백제처럼 우리 형제가 힘을 합해 잘살아 나가길 바라셨기 때문이래요.

엄마 말로는 형이 아빠를 쏙 빼닮았다고 하는데 그게 얼굴이 닮았다는 건지 성격이 닮았다는 건지 알 수는 없지만 가끔 형한테서 사진 속 아빠의 얼굴을 발견하기도 한답니다.

엄마는 아빠를 너무너무 좋아했다는데 그래서 형만 예뻐하는 것은 아닌가 하는 생각이 들어 가끔 섭섭하기도 해요. 자주는 아니고 아주 가끔 엄마가 해 주는 돼지 불고기의 횟수만큼 그런 생각이 들어요.

또 삼천포로 빠졌네요. 우리 집 이야기가 중요한 게 아닌데 말이에요. 그렇지요? 그래도 나는 엄마가 무척 좋습니다. 사실 엄마는 정도 많고 눈물도 많습니다. 슈퍼에 온 아줌마들이 이런저런 하소연을 하거나 하면 자기 일처럼 흥분하고 슬퍼하고 화내고 기뻐해요. 내가 몰래 야쿠르트를 먹어도 모른 척해 주고요.

엄마의 소원은 동네 가까운 곳에 대형 마트가 들어서지 않는 거랑 형이 올해 꼭 대학에 가는 것입니다. 엄마한테는 좀 안된 일이긴 하지만 형이 과연 엄마의 기대대로 대학에 척 붙을 수 있을지는 잘 모르겠어요.

생각해 보면 그날은 아침부터 예감이 좋지 않았어요. 형이 평소와 달리 히죽히죽 웃는 게 아니겠어요. 나는 무척 두려웠답니다. 아무리 깨워도 죽은 시체처럼 누워만 있던 형이 그날은 깨우지도 않았는데 일찍 일어난 것은 물론 그 묘한 웃음까지 흘리지 않겠어요.

그 때 눈치를 챘어야 했어요. 선생님은 왜 하필 인터넷 숙제를 내주고, 형은 왜 컴퓨터를 끄지 않고 나가고, 나는 왜 그 때 집에 있었느냐 말이에요.

후유, 한꺼번에 이렇게 많은 생각을 한 것은 이번이 처음인 것 같아요. 안 하던 생각을 하려니까 바람이 꽉 찬 풍선처럼 머리가 터질 것 같아요.

딱히 되고 싶은 것도, 하고 싶은 일도, 무엇 하나 잘하는 것도 없는 내가, 내가 누구인지, 내가 누구이고 싶은 건지 어떻게 알겠어요?

도대체 나는 어떻게 하면 좋을까요? 나는 누구일까요? 나는 무엇이 되고 싶은 걸까요? 누가 좀 알려 주세요. 옛날의 아무 생각 없던, 행복했던 내 자신을 찾고 싶습니다.

온조야, 부탁이야. 이제 제발 그만 돌아와 줘!

실존주의 문학

　실존주의 문학은 1940~1950년대에 프랑스를 중심으로 전개된, 실존주의 사상이 짙게 반영된 문학을 말합니다.

　20세기 들어 세계 역사는 큰 변화를 겪습니다. 러시아 혁명, 대공황, 나치즘의 광풍, 에스파냐 내란, 두 번의 세계 대전, 미국과 소련의 냉전, 엄청난 과학의 힘, 약소국가들의 대두 등은 이성과 자유의 승리를 믿어 온 낙관주의적이며 서유럽 중심적인 사상에 치명상을 입히고 기존 가치 체계의 붕괴를 가져왔습니다.

　특히 제2차 세계 대전 초반 프랑스의 패전은 프랑스 작가들로 하여금 역사와 사회로부터 격리된 자신들만의 공간인 서재에 머물 수 없게 만들었습니다. 그래서 많은 작가들이 작품으로 또는 행동으로 전쟁에 참여하여 레지스탕스 운동의 주축이 되었지요. 나치에 의해 프랑스가 점령되었던 기간에는 시가 그 역할을 대신했습니다. 전쟁이 끝난 후 작가들은 이 같은 전쟁 체험을 바탕으로 글을 썼는데, 이것이 실존주의 문학이 프랑스에서 꽃을 피운 계기를 마련했습니다.

전쟁 전에는 말로, 생텍쥐페리, 베르나노스 등이 활약했으며, 전쟁 후에는 사르트르, 보부아르, 카뮈에 의해 이 경향이 한층 심화되어 나타났습니다. 실존주의 작가들은 세상을 부조리하고 괴로운 것으로 인식하며 나와 세상의 실존적인 관계를 파악하고 이러한 부조리함이 어디에서 비롯되었는지 고민했습니다. 전쟁의 경험은 작가들로 하여금 인간이란 존재가 역사와 사회 현실 앞에서 얼마나 무력한가를 깨닫게 해 주었지요. 그래서 신이 본질을 만든다는 종래의 사고방식을 거부하고 본질에 선행하는 존재를 중심 명제로 한 무신론적 실존주의가 각광을 받게 되었습니다.

실존주의 문학을 말할 때 가장 먼저 언급되는 사람은 사르트르입니다. 그는 행동하는 지성인이자 뛰어난 작가로서, 평생을 글과 행동으로 자신의 철학과 삶의 간격을 좁히기 위해 부단히 노력했습니다. 제2차 세계 대전 중에는 레지스탕스로서 나치에 대항했고, 종전 후에는 대부분의 지식인과 같이 공산주의 운동에 가담했으나 소련의 부다페스트 침공 이후 공산주의와 멀어졌습니다. 1964년 노벨 문학상 수상자로 지명됐지만 '부르주아의 상'이라는 이유로 수상을 거절해서 화제가 되기도 했지요.

후설과 하이데거의 현상학을 독자적으로 수용한 저서 《존재와 무》

에서 그는 "인간은 자유로운 선택과 자발적인 결단에 의해 스스로를 만들어 가야 하는 존재"라고 말했습니다. 실존이 모든 것에 앞선다는 그의 철학적 사유는 소설 《구토》와 《자유에의 길》, 〈벽〉 등 뛰어난 문학 작품으로도 옮겨졌습니다. 특히 실존주의 문학은 그의 일기체 소설 《구토》와 더불어 탄생했다고 볼 수 있습니다.

2

내가 누구인지 말할 수 있는 자는 누구인가?

 고독이라는 것은 우리가 우리 자신의 형태를 어떻게 선택할 것인가 하는
과제를 포함하고 있다. 고독에는 불안이 따른다.

—사르트르

1 난 누구지?

왜 그런 거 있잖아요. 하면 안 된다는 걸 알면서도 참지 못하고 계속 하게 되는 것 말이에요. 불량 식품이 나쁘다는 걸 알면서도 그 달콤한 맛을 잊지 못하고 손을 대는 것처럼, 나 역시 형의 방에 몰래 들어가 블로그를 훔쳐보는 일을 계속했습니다.

'이러다 형에게 들키면 죽지. 오늘만 볼 거야.'

마음속으로 수천 번도 더 다짐했습니다. 하지만 그것도 잠시, 손은 어느새 마우스를 클릭하고, 눈은 형이 새로 올린 글이 없나 열심히 찾고 있었어요.

아, 정말이지 도박에 빠지거나 알코올 중독에 걸린 사람의 마음을 알 것도 같아요. 그게 말이지요. 처음 한 번이 어렵지 두 번 세 번은 아무것도 아니거든요. 하루라도 형의 블로그를 안 보면 불안해서 잠이 안 오고 눈이 침침하고 손이 다 떨려요. 요즘 내가 눈이 퀭하고 자꾸 마른다면서 엄마가 걱정을 할 정도라니까요.

게다가 아직 말하지 않은 형의 비밀이 하나 더 있어요. 이것은 처음 형의 사진을 봤을 때와는 비교도 안 될 정도로 놀라운 사실이랍니다. 비류 형은 그동안 완벽한 이중생활을 하고 있었습니다. 어쩜 그렇게 감쪽같이 엄마와 나를 속일 수 있었는지 대단해요. 등잔 밑이 어둡다고 형이 그럴 거라고는 상상도 못했답니다.

열 길 물속은 알아도 한 길 사람 속은 알기 어렵다는 할머니의 말이 딱 맞지 뭐예요. 그러고 보니 할머니가 한 말이 또 있어요. 고기는 맛을 봐야 알고 사람은 겪어 봐야 안다고 했어요.

정말 알면 알수록 우리 할머니 놀랍지요? 어떻게 구구절절 옳은 말씀만 하실 수가 있는지, 절로 고개가 숙여진답니다. 알았어요, 알았어요. 삼천포로 빠지지 않으면 되잖아요. 아무리 돌고 돌아도 제자리로 온다니까요.

나는 나중에 어떤 사람이 되고 싶은지 심각하게 생각해 본 적이 없습니다. 선생님이 장래 희망을 써 내라고 하면 그때 그때 떠오르는 것을 쓰곤 했지요. 어느 날은 의사가 되고 싶었다가 또 선생님이 멋있어 보이면 아이들을 가르치는 일도 재미있겠다 싶었어요.

그도 그럴 것이 엄마도 나에게 어떤 사람이 되라고 강요한 적이 없고, 주위 사람들 중에서 닮고 싶은 형이나 아저씨도 없었어요. 모두들 별 볼일 없는 어른들 같았답니다. 내가 다양한 사람들을 만나는 유일한 통로는 텔레비전인데, 그 속에 나오는 사람들은 다른 세상 사람 같아서 현실감이 없었어요.

드라마 주인공들은 재벌 2세 아니면 실장님이고 사장님인데, 그저 그렇게 살아가는 슈퍼 집 둘째 아들이 언감생심 꿈이나 꿀 수 있겠어요? 그렇다고 슈퍼를 이어받기도 싫고요. 아무리 열심히 공부해도 엄마가 그렇게 소원하는 우리 나라 최고 명문대에 들어갈 수 있을 것 같지도 않아요.

다른 특별한 재능이 있어서 이거 아니면 죽음을 달라는 식의 하고 싶은 것도 없고요. 내년에는 중학생이 되고 또 고등학생이 되고 잘하면 대학생도 될 수 있을 테지요. 시간이 흐르면 저절로 어른이 되어서 님들처럼 결혼해서 아이 낳고 나이 들면 관절염이나 자잘한 아픔에 시달리면서 건강을 위해 비타민 약이나 보약 챙겨 먹으면서 살겠지요.

너무 애늙은이 같다고요?

인생 별것 있나요? 평범한 게 좋은 거라고요.

꿈을 가지라고요? 세상은 넓고 할 일은 많다고요?

글쎄, 로또에나 당첨되어 돈벼락이라도 맞으면 모를까. 하긴 돈을 많이 벌고 싶긴 하지만 뭘 해야 행복할지, 나에게 꼭 맞는 일이 무엇인지, 내가 있어야 할 자리가 어디인지 아직은 모르겠어요.

나는 누구지? 나는 어떤 존재이지?

생각해 보면 자기 자신에 대해서 아무것도 모르면서 참 잘도 살아왔구나 싶어요. 엄마가 오늘 슈퍼에 과자를 몇 박스 들여놓았는지, 하루 매상이 얼마인지, 엄마의 기분이 좋은지 나쁜지 알기는 쉽지요.

형이 공부를 하는지 안 하는지, 휴대전화 요금이 얼마나 나오는지, 친한 친구가 누구인지도 알아요. 그런데 정작 나 자신에 대해서는 아는 게 별로 없더라고요.

이름 : 한온조

나이 : 13세

학력 : 초등학교 6학년 재학 중

좋아하는 것 : ……

장래 희망 : ……

존경하는 인물 : ……

좌우명 : ……

감명 깊게 읽은 책 : ……

좋아하는 가수 : ……

잘하는 게임 : ……

이름과 나이, 학력을 빼고 나머지는 그럭저럭 쓸 수는 있어요. 하지만 그게 정말 내가 바라는 것이고 좋아하는 것인지 알 수가 없습니다.

돼지 불고기를 좋아하긴 하지만 지금까지 먹어 본 것 중에서 가장 맛있었다고 머리가 기억하는 정도에 지나지 않아요. 앞으로 먹어 볼 음식 중에서 더 맛있는 음식이 있을지도 모르잖아요. 책은 별로 읽은 게 없어서 생각이 안 나고, 게임도 좋아하지만 남들과

거루어 창상 이긴 만큼 잘하는 것도 아니에요. 딱히 친구 관계기 나쁜 건 아니지만 믿고 마음을 줄 만한 단짝 친구는 없고요.

아무리 생각해도 내가 어떤 인간인지, 진짜 내 모습은 어떤 건지 자신 있게 말할 수 있는 게 없어요.

자신에 대해 모든 걸 아는 사람이 있을까요? 안다고 해도 정말 그게 자신이 원하는 걸까요? 돈을 많이 버니까, 남들이 부러워하니까, 엄마 아빠가 하라니까 하는 게 아니고요?

마음속에서 우러나와 진심으로 원하게 된 게 아니라 주변 상황에 떠밀린 건 아닌가요? 그게 뭔지도 모르면서 남들이 가니까 가는 건 아닌가요? 의사나 선생님이 된다고 해도 그건 내 직업일 뿐 나 자신은 아니잖아요.

정말 모르겠어요. 내 코가 석 자인데 남 걱정하게 생겼나요, 뭐. 지금 내 문제만으로도 머릿속이 사탕 주변으로 바글바글 모여드는 개미 떼처럼 복잡하니까, 자기 자신에 대해서는 알아서 고민하라지요.

다만 한 가지는 확실해요. 어쨌거나 나는 자유로운 존재이기는 한 것 같아요. 아아, 세상에 홀로 내던져진 자유로운 존재여, 그 이름은 한온조! 나는 자유로운 존재이니 나의 행동을 가로막으려는 세력은 가만두지 않겠다. 아마 그 세력은 형이나 엄마이겠지? 하하하.

하루하루 아무 생각 없이 맛있는 반찬이나 있으면 그걸로 만족하는 나도 문제이지만 형을 보면 한숨이 절로, 걱정이 절로 나온답니다.

생긴 건 좀 반반하다 싶지만 영화배우를 할 정도는 아니고, 한 성격 하지만 독한 구석은 없는 것 같고, 그저 먹고 자는 것 이외엔 잘하는 게 없어 보이거든요. 물론 동생 구박하는 데는 형을 따를 사람이 없지만요.

그런 형을 보면서 나는 조금은 안심했답니다. 나 같은 인간이 나 혼자만 있는 것은 아니야. 그래, 이렇게 살아도 나쁜 건 아닐 거야. 형도 그리 나와 다를 게 없잖아.

그런데 이렇게 완벽하게 배신을 때리는 게 어디 있냐고요. 자기 혼자 저만치 앞서 가 버리면 나는 이제부터 누구를 의지하고 살아야 하나요?

내가 형에게서 느낀 배신감은 이루 말로 다할 수가 없었습니다. 형이 뭘 어떻게 했냐고요? 이제 그 이야기를 들려 드릴게요. 형은 나로선 백 번 죽었다 깨어나도 생각하지 못했을 일을 하고 있더라

주변의 영향을 받지 않은 진짜 내 모습

니까요.

한비류, 그 놀고먹는 고 3인 우리 형이 밴드 활동을 하고 있지 뭐예요.

2 다양한 상황, 한 가지 선택

형은 앞으로 가수가 되겠다는 것이 아니라 이미 밴드 활동을 하고 있다니까요.

블로그에는 형이 활동하는 밴드의 이런저런 상황이 자세히 적혀 있었어요. 그러니까 형은 밤마다 독서실에 가는 척하고는, 독서실 총무 형을 어떻게 구워삶았는지 알 수는 없지만, 어딘가에서 노래를 부르고 있었다고요.

내가 파악한 정보에 의하면 형은 보컬을 맡고 있어요. 하긴 악기를 다루긴 힘들있을 거예요. 집에서 연습할 수도 없고, 엄마가 알았다간 당장 절단 났을 테니까요. 형이 노래를 잘 불렀나 생각해 보았어요. 같이 노래방에 가 본 적이 없으니 확인할 길은 없지만 할머니랑 엄마의 피를 이어받았다면 틀림없이 가수 기질이 있을 거예요.

어찌 된 일인지 음악적 재능이 나한테만 없는 것 같았습니다. 아빠가 혹시 음치가 아니었을까 심각하게 고민했답니다.

형이 홍대 앞 인디밴드 중의 한 명이었다니. 설마 형도 공연 중에 바지를 벗고 그러는 건 아니겠지요? 하긴 벗어도 뭐 볼 게 있을 것 같지도 않지만요. 에이, 공연 중에 좀 벗으면 어때요? 안 되나요?

이렇게 형의 블로그를 훔쳐보는 나날이 계속되었어요. 형은 요즘 들어 부쩍 늦게 들어오는 날이 많았어요. 엄마는 수능이 다가오니 공부를 정말 열심히 하나 보다 생각하지만 그건 천만의 말씀이에요. 사실을 알고 있는 나는 속이 부글부글 끓었지만 차마 고자질을 할 수는 없었습니다.

이러니저러니 해도 형을 생각하는 기특한 동생이라고요? 형제의 피는 진하다고요? 그렇게 오해해도 할 말은 없지만 그것보다는 블로그를 훔쳐보는 재미를 방해받고 싶지 않아서예요.

그러나 언제까지 숨길 수는 없는 법입니다. 진실은 결국 드러나고야 말지요.

기어이 그날이 오고 말았어요. 뜻하지 않은 곳에서 예기치 못한 방법으로요. 누가 형을 알아보고 엄마에게 말했냐고요? 그랬다면 차라리 안심하고 사태를 바라보기만 했을 거예요. 팔짱 끼고 강 건너 불구경하는 식으로요.

사건의 발단은 1주일 전, 형의 모의 고사 성적표가 집으로 온 날이었어요. 그날따라 내가 슈퍼를 보고 엄마는 집안일을 하고 있었는데 집으로 성적표가 배달되어 왔습니다. 학생들에게 나눠 주면 집에 안 가져가니까 학교에서 직접 집으로 보낸 것이지요.

엄마는 '우리 아들이 요즘 공부를 열심히 하고 있는 것 같던데 얼마나 시험을 잘 보았을까' 은근히 기대하며 성적표를 펼쳤어요. 그런데 엄마의 눈에는 999만 보였답니다. 은하철도 999도 아니고 웬 999?

그게 최저 등급이라는 걸 안 순간 엄마는 불을 뿜는 한 마리 용으로 변신해서 슈퍼에 뛰어들어 오셨습니다.

"당장 독서실에 가서 형을 붙잡아 와! 형을 데려오지 못하면 너도 집에 들이오지 미!"

엄마는 아무 힘도 없는 내게 미션 임파서블 같은 특명을 내리셨어요. 나는 순간 직감했지요. 아, 드디어 올 것이 왔구나. 그래, 언젠가는 이런 날이 올 거라고 생각했어. 형의 운명은 앞으로 어떻게 될 것인가?

형은 분명 독서실에 없을 거예요. 하지만 일단 확인은 해 봐야 할 것 같아서 독서실로 향했어요. 고 3이라고 해서 미친 듯이 공부만 하는 건 아닌가 봐요. 공부하는 사람보다는 수다 떨고 노는 사람들이 더 많았어요.

고 3이 아니라 고 1이었을 거라고요? 에이, 모의 고사 성적표 어쩌고 하는 걸 보니 고 3이 맞던데요. 이래 봬도 눈치 9단이라고요. 하긴 고 3도 인간인데, 공부 기계가 아닌데 어떻게 밤낮 공부만 하겠어요. 가끔은 콧구멍에 바람도 넣어 주면서 살아야지요.

그날 밤 형이 집에 돌아왔을 때 나는 형이 어떤 변명을 늘어놓을지 마음을 졸이며 기다렸습니다. 거짓말도 하면 는다고 이런 상황에 대비해 이미 각본을 만들어 두었을 거라 생각했어요.

나는 속으로 통쾌해하며 기다렸지요.

'그래그래, 형 마음 다 알아. 어디 한번 읊어 봐.'

그런데 형은 엄마 앞에 무릎을 꿇더니 잘못했다고 싹싹 빌기는 커녕 폭탄선언을 하여 엄마와 나를 놀라게 만들었어요. 언젠가는 형이 사실을 자백할 거라 생각했지만, 이렇게 예기치 않게 직격탄을 날릴 줄은 몰랐어요. 정말 대단한 형이에요.

형은 당당하게 대학을 안 가고 음악을 하겠다고 했어요. 형의 폭탄선언에 놀란 엄마는 눈이 동그래지고 입이 쩍 벌어졌어요. 나는 태어나서 엄마가 눈을 그렇게 크게 뜬 것은 처음 보았어요. 엄마는 한참 동안 그런 자세로 꼼짝도 하지 않았어요. 엄마가 얼마나 놀랐을지 짐작이 가죠?

형은 내친김에 그동안 하고 싶었던 말을 한여름 논에서 개구리 울듯 쏟아 내기 시작했는데, 한번 들어 보실래요?

1년 전부터 음악을 하고 있었어요. 겉멋이 든 게 아니에요. 인생을 걸고 진지하게 하고 있어요. 젊은 날 객기로 밴드 활동을 하는 게 아니라고요.

음악으로 큰돈을 벌거나 유명해지려는 것도 아니에요. 내 노래가 세상을 바꿀 수 있다고 생각하지도 않아요. 그냥 노래가, 음악이 좋아요.

오직 노래를 부르는 순간만이 내가 살아 있다고 느껴요. 이제 음악 없는 내 인생은 생각할 수도 없어요. 음악을 하지 말라고 하는 건 나보고 죽으라고 하는 거예요.

엄마가 허락을 하든 그렇지 않든 상관없어요. 허락을 받기 위해서 말하는 게 아니라 내가 정말 하고 싶은 게 뭔지 알려 드리고 싶었어요.

지금까지 말을 하지 않은 건 엄마를 속이려고 해서가 아니에요. 스스로 확신이 설 때까지 시간이 필요했어요.

내가 나로 살 수 있는 다양한 상황이 있을 수 있겠지만 나는 오직 한 가지만을 선택하기로 했어요. 음악이 아닌 다른 것은 내게 의미가 없어요.

목에 기름칠이라도 했는지 어쩜 그렇게 말을 잘하는지, 형을 다시 봤습니다. 길바닥에 떨어진 만 원짜리 지폐 뭉치를 보았다고 해도 그 말을 하는 순간의 형 모습보다는 놀랍지 않았을 거예요.

엄마는 머리를 싸매고 몸져눕지는 않았어요. 어쨌든 슈퍼 문을 열어야 우리 식구가 먹고사니까요. 하지만 엄마는 충격이 너무나 컸는지 며칠째 계속 밥상에 김치만 올렸습니다. 김치 말고 다른 것도 먹고 싶었지만 나는 입을 꾹 다물고 밥 한 그릇을 비웠습니다. 나까지 거들었다간 그야말로 불 난 데 기름 부은 꼴이 될 게 뻔했기 때문이에요.

그런데 뭐였더라, 형이 몸담고 있는 밴드 이름이 엄청 이상하고 어려웠는데. 베이스를 담당하는 형이 자신이 좋아하는 철학자의 이름을 따서 지었다고 했어요. 사르르? 그거 비슷한 거였는데. 잠깐만 기다려 보세요.

아, 맞아요, 사르트르!

사람 이름치고는 좀 괴상하지요. 물론 우리 나라 사람은 아닌 것 같아요. 처음에는 이름이 좀 괴상하다 싶었지만 시간이 흐를수록 그가 어떤 사람인지 궁금해지기 시작했어요. 어느 나라에 살고, 어떤 일을 했을까? 형은 왜 이 사람을 좋아할까? 의문이 꼬리에 꼬리를 물고 이어졌답니다.

3 사르트르

그날 이후 형의 블로그를 그만 보았냐고요? 난 궁금한 건 못 참는 성격입니다. 형이 방을 비울 때마다 몰래 숨어 들어가 블로그를 살펴보았지요.

블로그에는 알 수 없는 말이 잔뜩 쓰여 있었어요. 사르트르는 프랑스의 작가이자 사상가라고 해요. 사상가는 뭘 하는 사람이지? 뭐 어떤 사상을 주장한 사람이겠지요. 이 사람이 《존재와 무》라는 철학책을 썼다는군요. 그런데 재미있는 사실은 이 사람이 노벨 문학상을 받기를 거부했다네요. 왜 그랬을까요? 그리고 이런 말들도 쓰여 있었어요.

사르트르의 철학을 가사로 표현할 것.
직설적인 말, 몽환적인 곡, 실존의 고독, 상황 속에 던져진 인간.
불안이 폐부를 뚫는다.

불안이 폐부를 뚫는다? 이건 또 무슨 말이지? 분명 우리말이 맞긴 한데 외계어처럼 들리더군요. 멋진 말 같긴 한데. 몽환? 세상에는 이런 말도 있었군요. 실존의 고독은 또 뭔가요?

하지만 그 모든 말 중에서 나를 가장 궁금하게 했던 것은 '사르트르' 라는 단어였어요. 사르트르? 먹는 건가? 새로 나온 야쿠르트인가? 사르르 녹는 셔벗 같은 건가?

노래 가사 같은 것도 몇 개 있었는데 그게 무슨 말인지 알 것 같기도 하고 모를 것 같기도 한 것이 내가 이해하기에는 너무 어려웠어요. 한번 들어 보실래요?

불안이 폐부를 뚫는다.

페르소나

네가 살고 있는 건 진짜 세상이 아니야

너라고 알고 있는 건 진짜 네가 아니야

손을 내밀어도 잡을 수 있는 건 없어

네가 바라보는 건 가짜 하늘

눈을 떠 봐도 볼 수 있는 건 없어

너를 덮고 있는 건 가짜 얼굴

찢어라, 부셔라, 온몸을 감고 있는 거짓과 위선을.

생의 한가운데

어디쯤일까, 내가 눈을 뜬 곳은

누구였을까, 나 홀로 떠나게 한 자는

이렇게 흘러 흘러 여기까지 온 거야

아무도 없어, 오직 들리는 건 내 목소리뿐

두 발을 땅에 딛고 선 나무처럼, 나무처럼, 나무처럼

나는 나의 인생을 살아가리

생의 한가운데 던져진 자여

마음속 잠든 용을 깨워라.

바람은 어디로

어렸을 땐 궁금했지, 알고 싶은 게 너무 많았어

바람은 어디로 가는 걸까

그 많던 햇빛은 누가 다 가져갔을까

새들이 노래를 그치면 소리는 어디에 숨는 걸까

이담에 크면 다 알게 될 거라고 믿었지

민들레 홀씨가 어떻게 꽃을 피우는지

나무들은 밤마다 자기 그림자를 어디에 숨기는지

어제 흘러온 강물은 오늘 어디에 있는지

하지만 이제야 겨우 알았네

내가 알고 있는 건 내가 누구인지 모른다는 것

내가 누구인지 말할 수 있는 자는 누구인가

나는 나, 나는 너, 나는 누구도 아니지

형의 머릿속에는 도대체 뭐가 들어 있는지 궁금해졌습니다. 게다가 노래 가사를 이렇게 어렵게 쓴 이유는 뭘까요?

모름지기 노래 가사란 읽기 쉽고, 부르기 쉽고, 듣기 쉬워야 하는 거 아닌가요? '네가 나를 떠난 날부터 난 가슴이 아팠어…….' 뭐 이 정도는 되어야 가사라고 할 수 있는 거 아니냐고요. 네가 나를 떠났다, 그래서 난 슬펐다, 간단하고 확실하잖아요.

바람이 어디로 가는지, 나는 누구인지 그런 걸 왜 묻냐고요. 가뜩이나 머리 아픈 세상인데 노래가 마음을 달래 주는 위로가 되기는커녕 오히려 머릿속을 뒤죽박죽으로 만들고 있으니, 형이 노래에 대해서 한참 잘못 알고 있는 게 분명했어요.

아무래도 사르트르인지 셔벗인지가 형을 버려도 너무 버려 놓은 것 같았습니다.

실존과 존재의 차이

사르트르는 인간은 정해진 의도나 계획에 의해서 태어나는 것이 아니라고 생각했습니다. 즉 인간은 어떤 이유나 원인이 없이 그저 우연하게 이 세상에 태어난다는 것입니다. 예를 들면 어떤 특정한 집안을 선택한다거나 아니면 부모를 고른다거나 또는 나라나 계절을 선택해서 태어날 수는 없다는 것이지요. 개개인의 의사나 바람과는 상관없이 이유를 알지 못한 채, 인간은 그저 우연하게 이 세상에 '내던져지듯이' 태어날 뿐입니다. 이렇게 세상에 우연히 태어나는 것을 사르트르는 '부조리한' 일일 뿐이라고 했습니다.

그러나 이러한 인간의 부조리한 출생이 결코 불행한 일만은 아닙니다. 왜냐하면 인간은 자기 고유의 삶, 곧 실존적인 삶을 살 수 있기 때문입니다. 인간은 신의 의지를 실현하기 위해서 태어나는 것이 아니라 우연한 출생과 주어진 상황이 있을 뿐입니다. 이러한 사르트르의 사상은 실존 철학의 갈래 중에서도 무신론적인 입장에 속하지요.

　사르트르는 존재와 실존을 구분합니다. 그리고 인간은 존재하는 것이 아니라 실존한다고 주장합니다. 좀 더 구체적으로 말하면 자신의 본질을 발견하고 채워 나가면서 스스로 자신을 창조하는 운명이라는 것입니다.

　실존은 끊임없이 자신의 삶을 돌아보면서 새로운 자신의 모습을 만들어 갑니다. 스스로 삶의 주체가 되어서 이끌어 나가는 변화야말로 실존의 본질인 것이지요. 그래서 사르트르는 "현 상태에 머물지 않는 것이 인간이며, 현 상태로 있을 때 그는 가치가 없다"라고 말했습니다. 실존이란 다름 아닌 끊임없는 자기 발전, 자기 창조, 자기 완성입니다. 이러한 과정은 죽음에 이르는 순간까지 계속되며, 인간은 자신의 삶과 역사를 스스로 결정해야 할 책임이 있습니다.

3

사르트르가 온다

 절대적인 진리는 쉽게 붙잡을 수 있는 가까운 곳에 있다. 그것은 타인의
손에 의해서 붙잡는 것이 아니라 자기 스스로 붙잡는 것이다.

— 사르트르

1 모르는 게 너무 많아

사르트르라는 밴드가 정말 궁금했어요. 어떻게 해서든 밴드 연습실에 가 보고 싶었어요. 형이 먼저 나서서 놀러 오라고 할 리는 동해물과 백두산이 마르고 닳기 전까지는 없을 테니 그 곳에 가기 위해서는 뭔가 묘안을 짜내야 했지요.

무조건 떼를 써 볼까? 하지만 누울 자리를 보고 발을 뻗으랬다고, 형 성격에 그게 통할 리 없었습니다. 그렇다고 포기할 나도 아니지요. 좀 질기거든요. 할머니는 언젠가 내게 한번 마음을 먹으

먼 고래 심줄보다 더 질긴 놈이라고 머리를 툭툭 치며 말씀하신 적이 있었어요.

일단 형의 눈치를 살피기로 했습니다. 상대방의 마음을 살살 여는 게 중요하니까요. 나는 이미 형이 폭탄선언을 하던 그날부터 신중하게 작전을 세워 두었습니다. 치밀하죠? 먼저 상대방의 호감을 살 것. 그러나 절대 나의 본심을 드러내지 말 것.

1단계 : 상대방의 마음을 열어라

나 : 형, 밴드가 그렇게 재미있는 거야?

형 : 궁금하냐?

나 : 응. 솔직히 나 좀 감동받았거든. 엄마 앞에서 그렇게 당당하게 말하는 형을 보니까 존경스럽기까지 하던걸.

형 : 짜식, 내가 할 말은 하잖냐.

옳지, 슬슬 걸려들고 있어요. 이 정도면 거의 낚았다고 봐야지요. 하지만 방심은 금물, 돌다리도 두들겨 보고 건너라. 이제 다음 단계는 상대방에게 관심이 있다는 정보를 슬쩍 흘리는 겁니다. 관심을 보일 것, 그러나 지나치게 과도하지는 않게.

2단계 : 상대방에게 관심을 보여라

나 : 근데 밴드는 뭐 하는 건데?

형 : 세상에서 가장 근사한 일을 하는 거지. 음악 말이야.

나 : 형네 밴드 이름이 사르트르라고 했나?(이 이름 외우느라 죽는 줄 알았
     습니다. 열 번도 넘게 외우고 또 외웠다고요. 원래 상대방 이름을 제대
     로 말해 줘서 손해 볼 일은 없거든요. 내가 밴드 이름을 말하자 형은 살
     짝 놀라는 눈치였습니다.)

형 : 짜식, 그런 걸 다 기억하고 있었네.

형은 금세 웃는 얼굴이 되었습니다. 자신이 가장 사랑하는 일을
상대방도 관심을 갖고 좋아해 주면 누구나 기분 좋은 거 아니겠어
요? 사랑과 평화가 뭐 위대한 것으로만 이루어지는 것은 아니거
든요. 상대방의 이름을 다정하게 불러 주는 것만으로도 평화는 싹
이 튼다고요.
  자, 이제 거의 목표 지점에 다다랐습니다. 다음 단계는 상대방으
로 하여금 내가 원하는 걸 말하게끔 하는 거죠. 끝까지 본심을 내
색해서는 안 됩니다. 어디까지나 상대방이 스스로 말하게 해야 한
답니다.

3단계 : 상대방으로 하여금 내가 원하는 걸 말하게 하라

나 : 형은 그렇게 좋아하는 일을 하니까 좋겠다. 부러워.

형 : 넌 하고 싶은 게 뭐냐?

나 : 모르겠어. 내가 어디 형만큼 잘하는 게 있어야지.

형 : ……연습실에 한번 놀러 올래?

드디어 걸려들었습니다. 하지만 더 중요한 게 남았어요. 이제 마지막 단계입니다. 고기가 살살 입질한다고 해서 낚싯대를 냉큼 올렸다간 고기는 놓치고 줄만 끊어질 수도 있거든요. 어릴 때 시골에 살면서 터득한 나만의 낚시 요령이랍니다. 고기가 확실하게 물기 전까지는 낚싯줄을 살살 풀어 주는 게 중요합니다.

4단계 : 확실히 끌어당기기 전에 잠깐 기다려라

나 : 정말 그래도 돼? 하지만 연습에 방해가 될 텐데…….

형 : 괜찮아. 형들도 다 좋은 사람들인걸.

나 : 우아! (최대한 기쁜 표정으로) 나 정말 가 보고 싶어!

형 : 그렇게 좋냐? 그럼 이번 주 토요일에 와라.

이제 상황 끝입니다. 어때요, 이만하면 나도 꽤 쓸 만하지요? 형은 그날 이후 블로그 관리에 소홀한 것 같습니다. 연습 때문에 바빠서 블로그에 글을 쓸 시간이 없나 봐요.

내 최고 즐거움 중의 하나가 잠시 휴업 상태가 되어 버린 건 안타까웠지만 그래도 다가오는 토요일에 형의 연습실에 갈 생각을 하니 기대가 되었습니다. 그놈의 사르트르인지 셔벗인지를 볼 수 있으니까요.

형은 언제 자신이 하고 싶은 것을 찾았을까요? 자신에 대해 얼마만큼이나 고민을 한 걸까요? 음악에 재능이 있어서 하려는 걸까요? 아니면 재능과 상관없이 하고 싶어서 하는 걸까요?

요즘 들어 생각이라는 것을 하면서 느끼는 건데요, 자기 자신에 대해 진지하게 생각하는 것만큼 중요한 문제가 또 있을까 싶어요. 그러고 보면 나는 나 자신에 대해 모르는 게 너무 많은 거 있죠. 왜 지금까지 이렇게 중요한 문제를 잊고 살아왔는지 알다가도 모르겠습니다.

말해 보세요, 나를 아는 것보다 더 중요한 게 있나요? 영어? 수학? 그것도 물론 재미있고 필요한 건지도 모르죠. 하지만 아무리 영어를 잘해도 나를 모르면요? 아무리 어려운 수학 문제를 척척

공부? 운동??
나를 아는 것이 제일 중요해.

풀이도 내가 어떤 인간인지 **모르면요?**

 세상에서 아무리 높고 훌륭한 성을 쌓는다고 해도, 우주의 끝까지 갈 수 있다고 해도, 바다의 신비를 모두 알게 되었다고 해도 인간은 역시 인간일 뿐이잖아요. 어느 날 갑자기 바다거북이나 가시선인장이 되는 건 아니잖아요.

 어쩌다 이렇게 복잡한 인간이 되었는지 내 자신이 원망스럽습니다. 아무 생각 없이 살 때가 좋았는데. 하지만 생각이라는 것을 하게 된 이상, 앞으로 더 나아가 보기로 했어요. 죽을 때까지 내가 어떤 인간인지 알 수 없다고 해도 생각하며 살아 보기로 했어요.

 헤헤, 먹을 것만 밝히던 슈퍼집 둘째 아들이 갑자기 이러니까 이상하다고요? 그건 나도 마찬가지랍니다. 사람이 안 하던 짓을 하면 죽는다는데. 정말 걱정이에요. 하지만 할머니는 내가 오래오래 살 거라고 했어요. 명줄 하나는 타고났다고. 그러니까 내가 이상한 짓을 해도 마음 탁 놓으셔도 돼요.

 그런데 한 가지 걱정이 있어요. 엄마 말이에요. 9년 장마에 해나기만을 기다리듯 우리 형제, 특히 형에게 큰 기대를 하며 살아왔는데, 이제 그 기대가 하루아침에 와르르 무너지게 생겼으니 어쩌면 좋아요. 엄마의 근심이 이만저만이 아니랍니다.

그러나 그런 엄마에 대한 걱정보다는 형이 무슨 일을 하는지가 더 궁금했어요. 지금 엄마는 잠깐 패닉 상태이지만 곧 정신을 차리고 반격을 해 올 거예요. 이대로 물러설 엄마가 아닌 걸요. 폭풍 직전의 긴장감이 슈퍼에서 집까지 감돌고 있답니다. 이러니 내가 다른 일에 신경이나 쓸 수 있겠어요?

　한 가지 바라는 게 있다면 엄마가 김치 말고 다른 반찬을 밥상에 올려 주었으면 하는 거예요. 내가 너무 많은 걸 바라는 걸까요?

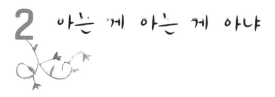

2 아는 게 아는 게 아냐

드디어 손꼽아 기다리던 그날이 되었습니다. 형의 밴드 연습실에 가는 날 말이에요. 어찌나 가슴 설레던지 밤잠을 설칠 정도였다니까요.

아침 일찍부터 엄마의 눈치를 보느라 가자미눈이 다 되었습니다. 형과 한통속이라는 말을 듣고 싶지는 않았으니까요. 엄마한테 찍히고 싶지 않다고요. 그래서 학교 숙제 때문에 도서관에 가야 한다고 말하곤 일찌감치 집을 나섰지요. 형도 마침 노는 토요일이라 집에서 빈둥거리는 척하다가 엄마가 슈퍼에 가기 무섭게 늦었다며 밴드 연습실로 갔습니다.

엄마는 어찌 된 일인지 형이 하는 대로 내버려 두었어요. 나는 그게 더 무서웠습니다. 지금까지 엄마의 교육 방식대로라면 형은 무사하지 못했을 거예요. 형도 차라리 두들겨 맞는 것이 더 마음 편할 것 같다는 얼굴이었어요. 형도 나도 예전과 다른 엄마의 태도에 안절부절못했답니다.

상대방의 행동을 예측할 수 없다는 것은 언젠가 나 또한 그럴 수 있다는 것일까요? 내가 어떻게 할지, 어떤 행동을 보일지, 어떤 인간이 될지 알 수 없다는 것일까요? 엄마에 대해 많은 걸 안다고 생각했는데 이런 엄마는 처음 봅니다. 내가 아는 엄마가 아닌 것 같습니다. 그럼 내가 아는 건 아는 게 아닌 걸까요?

이런저런 생각을 하면서 형을 만나러 갔습니다. 전철을 타고 홍대역에서 내려 형이 그려 준 약도를 보며 한참을 걸었지요.

연습실은 지하였는데 저녁부터 영업을 하기 때문에 낮에는 연습실로 쓸 수 있게 주인이 배려를 해 주었다고 합니다. 주인도 한때는 기타를 치던 사람이고, 언젠가는 다시 기타를 잡고 싶다고 했답니다.

다시 엄마 이야기를 하지면, 엄마도 이럤을 때 꿈이 있었을 거네요. 물론 그 땐 슈퍼 주인이 꿈은 아니었겠죠. 엄마도 나처럼 열세 살 어린이였을 때가 있었을 것이고, 형처럼 열아홉 살 사춘기였을 때가 있었을 거예요. 또 뭐가 있더라. 그러고 보니 엄마에 대해 아는 게 거의 없습니다. 엄마는 그냥 엄마라고 생각했거든요.

엄마가 왜 '아맛나' 아이스크림만 먹는지, 밤하늘을 보면 왜 북두칠성이나 카시오페이아를 찾아보라고 하는지, 설탕 둘에 크림 둘을 넣은 커피를 왜 하루에 두 잔씩 마시는지, 어렸을 때 김치 못 먹어서 원한 맺힌 일이 있었는지 등 엄마를 엄마이게 하는 것들에 대해서 나는 모르는 게 너무 많습니다.

그래도 엄마는 엄마예요. 형이 형인 것처럼요. 내가 아무리 이러니저러니 해도 나 역시 나잖아요. 한온조. 이건 변함없는 사실이에요. 참 신기하죠? 불과 한 달 전만 해도 내가 이런 생각을 하게 되리라고는 상상도 못했답니다. 시간이 사람을 철들게 하는 걸까요?

계단을 내려가니 음악 소리가 쿵쾅쿵쾅 요란스럽게 들렸습니다. 솔직히 말하면 듣기에 그리 나쁘지는 않았어요. 내가 음악에 대해서는 잘 모르지만 듣기에 괴로운 것도 있잖아요. 그런데 형네 밴드가 들려주는 음악은 조금 요란스럽기는 해도 그렇게 괴롭지는 않았답니다.

밴드 멤버들은 나를 반갑게 맞아 주었어요. 형은 노래가 잘 안 되는지 뚱한 표정이었지만요. 도로 가라고 하면 어떻게 하나 걱정했지만 다른 사람들이 친절하게 의자도 갖다 주고 먹을 것이랑 마실 것도 주었어요. '우리 막내'의 동생이 왔다고 좋아하면서 말이에요.

놀라운 사실 하나. 형은 여기서 '우리 막내'로 불리더라고요. 형이 막내라니. 나한테는 언제나 형이었기 때문에 형이 누군가에게는 동생일 수도 있다는 사실이 놀랍고 신기했습니다.

잠깐 멤버 소개를 해 드릴게요. 밴드 이름은 '사르트르'이고 멤버들은 다음과 같습니다.

베이시스트 : 스물세 살. 리더. 밴드 이름을 지은 사람. 사르트르는 인생
            의 큰형님

드러머 : 스무 살. 빡빡머리. 아무 생각 없어 보임

보컬 : 한비류. 고등학교 3학년

기타리스트 : 스물한 살. 머리카락이 어깨까지 치렁치렁(처음에는 가발인
            줄 알았음)

사르트르인지 뭔지 하는 밴드는 척 보기에도 피짜 집단 같았습니다. 수상쩍은 구석도 있었고요. 음악의 음 자를 알고 노래를 하는 건지 의심스러웠어요. 무슨 내용인지 알 수 없는, 형이 쓴 가사로도 충분히 미루어 짐작할 수 있을 것 같았어요. 아마 자기들끼리 듣고 즐기기 위해 음악을 만들지 않나 생각되었어요.

멤버들은 손님이 왔다고 대표곡을 들려주겠다고 했습니다. 나는 속으로 고개를 갸웃거렸어요. 대표곡이라고는 해도 밴드 멤버들과 몇 사람들만이 아는 음악일 거예요. 하지만 나는 열심히 박수를 쳤습니다. 혹시 사르트르가 유명해져서 책이라도 내게 되면 거기 한 귀퉁이에 어린 청중인 내 이야기도 써 줄지 모르잖아요.

사람 일은 모르는 거라니까요. 나를 보세요. 오늘 반찬이 뭔지가 인생 최대의 관심사였던 내가 반찬 말고 다른 것을 생각하게 되었잖아요. 물론 아직도 거기서 완전히 벗어난 것은 아니고 엄마가 하루빨리 김치 말고 다른 맛있는 것을 해 주었으면 싶지만, 하여튼 우리의 삶에서 먹을 것이 전부가 아니라는 걸 알게 되었다고요.

할머니는 늘 곳간에서 인심 난다는 둥, 수염이 석 자라도 먹어야 양반이라는 둥, 먹는 일의 위대함을 강조해서 밥을 한 그릇씩 퍼 주긴 했지만, 사람이 먹고만 살 수는 없잖아요.

예? 왜 그 이야기가 나오냐고요? 죄송해요. 아주 오랜만에 이야 기가 삼천포로 빠졌네요. 헤헤헤. 그래도 점점 덜 빠지지 않나요? 나도 발전이라는 걸 하는 인간이라고요. 자, 그럼 다시 사르트르 로 돌아가 볼까요.

3 생이 내게 알려 준 비밀

드디어 연주가 시작되었습니다. 곡명은 〈생이 내게 알려 준 비밀〉. 제목부터 뭔가 거창하지 않나요? 비밀스러운 냄새가 난다고요. 제목이 좋다고 노래도 좋은 것은 아니지만 일단 제목이 그럴 듯했어요.

두두두둥, 드럼이 막을 엽니다.

다음은 끼이이잉 우는 듯한 기타 소리입니다. 이게 무슨 기타지요? 집에서 뒹구는 줄 끊어진 기타와는 소리가 다른 것 같았어요.

오오~, 진짜 밴드 같지 뭐예요!

곧 베이스가 둥기둥기 박자를 맞추는군요. 이건 뭐랄까, 밑에서 툭툭 받쳐 주는 것 같다고나 할까. 얼씨구 잘한다, 격려를 해 주는 것 같다고나 할까.

그런데 한 가지 문제가 있습니다. 이걸 심각하게 들어야 할지 즐겁게 즐기면서 들어야 할지 분위기 파악이 안 되는 거예요. 그래서 슬쩍 모두의 표정을 보았지요. 다들 연주에 집중하느라 다른 건 신경도 안 쓰는 얼굴이었어요. 그래서 나도 마음 편하게 음악 감상을 하기로 했습니다.

다른 형들과 다르게 우리 형만은 어딘지 쑥스러운 표정이었지만 나는 내가 본 것을 믿지 않기로 했습니다. 천하의 한비류가 쑥스러워하다니, 절대 있을 수 없는 일이었지요. 차라리 내 눈을 의심하는 게 낫다니까요.

이윽고 요란스러운 연주가 갑자기 끝나더니 기타 혼자 연주를 시작했습니다. 나는 어리둥절했어요. 조금 전까지 우는 것 같던 기타 소리가 갑자기 너무나 맑고 따뜻하고 다정하게 바뀌었거든요. 기타 소리가 어떻게 다정할 수 있냐고요? 직접 듣기 전에는 모른다니까요. 그리고 마침내 형이 노래를 불렀습니다.

끊임없이 변하는 나의 모습

내가 누구인지 알 수 없어

오랜 시간 헤매 다녔네

누구도 내게 말해 주지 않아

나를 찾아 나섰네

높은 산에 올라가 소리쳐 봐도

깊은 바다에 내려가 침묵에 잠겨도

내가 누구인지 알 수 없었지.

오랜 방황 끝에야 알게 되었네

나는 어디에도 없다는 것을

나는 끊임없이 변하는 것,

오늘의 나는 어제의 내가 아니지

내가 누구인지 묻기 전에

내가 누구이고 싶은지를 물어야 해

이것이 생이 내게 알려 준 비밀.

비로 형의 블로그에 쓰여 있던 글이 아닌가!

내가 그토록 궁금해했던 '내가 누구인가를 묻기 전에 나는 누구이고 싶은가를 물어라.' 바로 그거잖아요. 그게 노래 가사였구나. 나는 궁금증이 조금 풀리는 기분이었지만 그래도 다 알 것 같지는 않았어요.

그래서 계속 형의 노래를 들었지요. 그런데 참 이상하지요? 그게 무슨 뜻인지 모르는데도 알 것만 같은 기분이 드는 거예요. 내가 이 세상에 왜 태어났는지, 나는 누구인지, 내가 어떤 사람이 되고 싶은지, 그런 것들이 마구마구 내 안으로 흘러 들어오는 것 같았어요.

아, 정말이지 지금 내가 느끼는 것을 좀 더 잘 설명할 수 있다면 얼마나 좋을까요. 그러니까 사람은 상황에 던져진 거라고요. 예에? 무슨 뜬구름 잡는 이야기냐고요? 우리는 자신이 태어나고 싶은 조건에 맞춰서 태어난 것이 아니라 그냥 내던져진 것일 뿐이라고요. 정해진 것은 우리가 인간으로 태어났다는 사실뿐이에요.

내가 이런 생각을 하게 되다니. 나는 아무것도 모르는 한온조라는 어린이일 뿐인데 감히 인간이 어쩌고 하다니.

무엇이 나를 이렇게 만든 걸까요? 나는 멍하니 앞만 바라보았어요. 형의 노래가 마음속 저 깊숙한 곳으로 파고들었지요.

그 때였어요. 갑자기 노래가 멈추더니 모두들 놀란 눈으로 나를 바라보았습니다.

"야, 너 왜 그래?"

형들이 나에게 달려왔습니다. 나는 어리둥절했어요. 내가 뭘 잘못한 걸까요? 혹시 음악에 집중하지 않고 다른 생각을 하고 있는 것을 눈치 챈 것은 아닐까요? 나는 마음을 졸이며 기어 들어가는 목소리로 물었습니다.

"무슨 일이야?"

그 때 베이스 형이 손을 들었어요. 설마 때리려는 건 아니겠지. 내가 잘못한 거라고는 잠깐 다른 생각을 한 것밖에 없는데. 별별 생각이 머리를 스치고 지나갔습니다.

나는 눈을 꼭 감았어요.

이제 곧 한 대 맞겠구나. 한온조, 형 때문에 여기서 네 인생이 끝나는구나. 이럴 줄 알았으면 슈퍼에서 야쿠르트나 하나 더 먹고 오는 건데.

그런데 아무리 기다려도 아무 일도 일어나지 않는 거예요. 게다가 누군가 살며시 얼굴을 닦아 주지 뭐예요. 나는 눈을 떴어요. 베이스 형이 괴징스럽다는 듯 내 얼굴을 마라보고 있었어요. 우리 형은 정말 놀랐는지 어쩔 줄 모르는 얼굴이었고요. 다른 형들은 나를 빙 둘러싼 채 걱정스러운 얼굴로 바라보고 있었어요.

"왜 울고 그래?"

울다니? 누가요? 내가요? 그제야 볼을 따라 흐르는 뜨거운 것이 눈물임을 알았습니다.

"우리 음악이 그렇게 감동이었나?"

"막내야, 너보다 동생이 낫다. 완전 초감성 덩어리잖아."

"우리 밴드 마스코트로 삼자."

다들 한마디씩 했습니다.

"참 나, 형이 노래 잘하면 잘한다고 할 것이지 울기는."

형의 잘난 척하는 한마디는 곧 다른 형들의 주먹질에 사라지고 말았지요. 그런데 이게 어찌 된 일일까요? 생전 처음 듣는 괴상한 밴드의 이상한 노래에 눈물을 흘리다니 도무지 이해할 수가 없었습니다. 나는 잘 울지 않습니다. 아무리 맞아도, 혼이 나도, 슬픈 드라마를 보아도 눈물이 나오지 않습니다. 오죽했으면 엄마와 형이 어린 나를 두고 돈 내기를 했겠어요. 나는 혼란스러웠습니다. 형을 이상하게 만든 사르트르가 드디어 내게도 온 걸까요?

자유는 인간의 운명이다

사르트르는 주체성과 자유 의지는 인간에게 주어진 필연적인 것이라고 했습니다. 그래서 그는 인간 자체가 자유라고 했지요. 인간과 자유는 분리할 수 없는 것입니다. 따라서 자유는 인간의 숙명이며, 아무도 자유를 피하거나 거부할 수 없습니다. 자신이 행하는 어떤 선택과 행위는 자신의 의지에 의한 것이기 때문입니다.

인간에게는 미리 정해진 목적이나 방향도 없습니다. 또한 자신을 대신해서 어떤 일을 선택하거나 결정해 주는 사람도 없습니다. 자신의 삶은 오직 자신에게 주어졌기 때문이지요. 자신의 자유 의지에 따라 선택한 것이 곧 삶의 내용이 되며, 삶의 의미가 됩니다.

인간은 싫든 좋든 자신의 삶에 대해서 스스로 책임을 질 수밖에 없습니다. 사르트르는 이러한 인간의 조건을 일컬어 '인간은 자유라는 형벌에 처해져 있다' 라고 말했습니다.

자유는 인간이 짊어지고 가야 하는 형벌과 같은 것으로 아무도 자신

의 삶과 행위의 결과에 대해서 변명할 수 없음을 말하는 것입니다.

　요약하면 사르트르의 실존 철학은 인간의 주체적인 자유와 선택에 관한 것이며, 그 결과에 대한 책임을 핵심으로 하고 있습니다.

4

자유, 선택, 불안

 인간은 자유다. 인간은 자유 그 자체이다.

-사르트르

1 자유, 내 눈앞의 모든 것

내가 울음을 멈추자 베이스 형은 나를 아이스크림 가게로 데려 갔습니다. 나머지 형들은 더 연습을 하고요. 내가 괜히 방해가 된 것 같아 미안했지만 이미 엎질러진 물을 주워 담을 수는 없었어 요. 나중에 형한테 야단맞을 일을 생각하니 걱정도 되었지만 그것 은 나중에 생각하기로 했어요. 지금은 그것보다 훨씬 중요한 일이 나의 선택을 기다리고 있었거든요.

무언가를 선택하는 것이 이렇게 힘든 줄은 몰랐어요. 서른 가지가 넘는 울긋불긋한 아이스크림 가운데서 뭘 먹어야 할지 고를 수가 없었어요. 모두들 자기를 골라 달라고 내게 손을 내미는 것 같았지요.

내가 선택을 못하는 게 아니라 선택하지 못할 만한 상황을 만들어 놓고 강요하는 것이나 마찬가지라고요. 그래도 언제까지 유리 상자 앞에 씹다 붙여 놓은 껌처럼 붙어 있을 수도 없어서 결국 세 가지를 골랐어요. 그러나 선택하지 않은 나머지 것들이 더 맛있을지도 모른다고 생각하니 쉽게 발걸음이 떨어지지 않았습니다.

사람은 역시 먹을 것에 약한가 봐요. 나는 먹는 게 전부가 아니라는 조금 전의 생각을 다 잊기로 했습니다. 역시 사람은 먹는 게 중요한 거라고요. 변덕이 죽 끓듯 한다고요? 헤헤, 나는 마음이 말랑말랑한 사람이지 기계가 아니라고요.

"맛있어?"

베이스 형은 흐뭇한 얼굴로 나를 바라보았습니다. 내가 아주 마음에 들었나 봐요. 눈칫밥 13년이면 그 정도는 눈 감고도 안다고요. 나는 아이스크림을 먹는 데 정신이 팔려 건성으로 고개를 끄덕거렸습니다. 아무리 아껴 먹어도 아이스크림 통은 금세 바닥을 보였어요. 바닥에 남은 부스러기까지 긁어서 한입에 털어 넣었습니다.

"아이스크림 더 먹을래?"

정말 달콤한 유혹이긴 했지만 나는 과감히 고개를 가로저었습니다. 사람은 절제할 줄 알아야 한다고, 상대방이 권한다고 해서 무조건 넙죽 받아먹다가는 나중에 욕먹는다고, 참으면 나중에 하나가 오더라도 더 온다고 우리 할머니가 내게 귀가 닳도록 이야기하셨거든요.

물론 고개를 가로젓는 일이 중력의 위대한 법칙을 거역하는 것만큼이나 힘들긴 했지만요. 정말이지 세상에서 내 눈앞에 있는 먹을 것을 거절하는 것만큼 힘든 일이 또 있을까요. 지구를 구하는 슈퍼맨도 '더 먹을래'라고 말하는 사람 앞에서 고개를 가로젓는 것만큼 힘든 일은 해 보지 않았을 거예요.

"감사합니다. 그리고 아까는 정말 죄송했어요. 일부러 울려고 한 게 아닌데……."

"괜찮아. 울고 싶을 때 우는 게 뭐 어때서."

"이상해요. 그냥 노래를 들었을 뿐인데. 제가 울고 있는 줄도 몰랐어요."

"그래? 우리 음악이 그렇게 감동이었냐? 하하하."

니는 조금 망설였어요. 그렇다고 해야 하나 아니라고 해야 하나. 다행히 베이스 형의 휴대전화가 울려서 위기를 모면했어요.

"어, 괜찮아. 여기서 전철 태워 보내지 뭐. 그래, 알았다."

"우리 형이에요?"

"응. 비류도 좀 놀란 눈치야. 네가 갑자기 울어서."

"정말 죄송해요."

"괜찮다니까. 그런데 왜 울었는지 물어봐도 되니?"

"그러니까……"

어디서부터 말을 시작해야 할지 처음에는 조금 고민했어요. 나는 비류 형에게 절대 말하지 않겠다는 다짐을 받은 다음에야 이야기를 시작했어요. 일단 이야기를 꺼내니까 굴비 꾸러미 엮듯 주르르 나오는 거 있죠. 말이라는 게 처음이 어렵지 한번 시작하면 자전거처럼 저절로 굴러가는 거 아니겠어요.

나는 베이스 형에게 그동안의 일을 말해 주었어요. 형의 컴퓨터에서 발견한 '비류월드'라는 블로그의 존재와 형이 공부는 않고 음악에 푹 빠져 있다는 것, 사르트르에 대한 궁금증, 내 존재에 대한 고민 등을 털어놓았습니다.

긴 이야기를 마치자 마치 오래전부터 앓던 이를 뿌리째 뽑아낸

듯 시원했어요. 베이스 형은 중간중간 추임새까지 넣어 가며 끝까지 들어 주었지요. 누군가 이야기를 들어 주는 것만으로도 마음이 이렇게 따뜻해질 수 있다는 걸 처음 알았어요. 솔직하게 자신의 속마음을 털어놓는 것도 중요하지만 온 마음으로 다른 사람의 이야기를 들을 줄 아는 것도 중요하다는 걸 배웠지요.

"사르트르가 그렇게 궁금했니?"

"예. 밴드 이름은 형이 지은 거라면서요?"

"그랬지. 내가 인생의 큰형님으로 모시고 있거든."

"잘 아시는 분이세요? 유명한 철학자라던데?"

나는 깜짝 놀랐어요. 친한 철학자가 있다니! 게다가 외국인이잖아요. 친하다는 건 말도 통한다는 거잖아요. 베이스 형이 어딘지 달라 보였답니다.

"하하하. 사르트르는 오래전에 죽은 사람이야. 내 인생의 큰형님이란 건 내가 그에게서 많은 영향을 받았다는 뜻이야."

"예……."

그럼 그렇지. 나는 많이 실망한 흔적을 내지 않으려고 노력했지만 얼굴은 그렇지 못했나 봐요. 하긴 내 몸이지만 다 내 뜻대로 되는 건 아닌 걸요. 손과 발이 따로 놀 때도 있으니까요.

"사르트르는 실존 철학을 말한 사람이야. 인간의 조선에 대해 고민한 철학자라고나 할까."

"인간의 조건요?"

나는 귀가 솔깃해졌습니다. 요 며칠 동안 내가 고민했던 거랑 어딘지 통할 것 같다는 느낌이 팍팍 왔거든요.

"온조는 세상에서 가장 중요한 문제가 뭐라고 생각하니?"

"나 자신을 아는 거요."

하마터면 '오늘 저녁 반찬이요'라고 말할 뻔했지 뭐예요. 습관이란 이렇게 무섭다니까요.

내 대답이 의외였는지 베이스 형이 한쪽 눈썹을 꿈틀하더니 나를 빤히 바라보았어요. 그냥 저녁 반찬이라고 할 걸 그랬나라는 생각이 들었지요.

"오, 이제 보니 대단한데. 그럼 사르트르의 실존에 대해서 이야기해 줄까?"

며칠 동안 나를 괴롭혔던 문제에 대한 해답을 알 기회가 왔어요. 나는 미친 듯 고개를 끄덕였지요. 베이스 형의 마음이 변하면 안 되니까요.

"그럼 어디서부터 시작할까. 아이스크림에서부터 시작할까. 아까 아이스크림 고를 때 어떤 것을 골라야 할지 어려웠지? 무엇을 고르든 네 자유였는데 말이야."

"예. 정말 고문도 그런 고문이 없었어요. 무시무시한 형벌 자체였다고요."

베이스 형은 킥킥 웃더니 아이스크림을 하나 더 사다 주었어요. 아까랑은 다른 세 가지 맛으로요. 나는 정말 지금 이 순간 죽어도 여한이 없다고 생각했지요. 한온조, 앞으로 착하게 살자. 정말 착하게 살자.

"자유는 언제나 중요한 문제이지. 우리는 자유로운 존재이기 때문에 늘 선택의 순간에 놓이고 자신의 선택에 책임을 져야 하기 때문에 고독하고 불안해. 사르트르는 인간을 자유 그 자체라고 보았단다."

두 번째 아이스크림이 바닥을 보이기 시작할 무렵 베이스 형은 나지막한 목소리로 이야기를 시작했습니다.

"인간인 이상 자유를 피하거나 거부할 수는 없어. 자신이 선택한 것은 결국 자신의 의지로 한 거니까. 자신의 선택은 곧 삶의 내용이며 의미가 된단다. 결국 자유, 선택, 책임은 떼려야 뗄 수 없는 관계가 되는 거야. 자유는 인간의 운명이면서 동시에 형벌이라고

할 수 있지."

　나는 자유가 운명이면서 형벌일 수도 있다는 걸 알 것도 같았어요. 어떤 아이스크림을 고를지는 내 자유이지만 그중에서 골라야 하는 건 엄청 힘들거든요. 이럴 때 누군가가 '이것 먹어!' 라고 골라 준다면 차라리 마음이 편할 것도 같아요.

　내 눈앞의 모든 것 중 단 하나만 먹을 수 있다면 말이죠.

2 선택, 골라 먹는 재미가 있다

"그럼 실존 철학에서 가장 중요한 건 자유인가요?"

"실존 철학의 첫 번째 명제는 존재가 본질에 앞선다는 거야."

"예?"

베이스 형이 아이스크림을 고르는 것에 비유하여 사르트르의 자유에 대해 설명해 줄 때는 매우 쉽다고 생각했는데 이제는 무슨 말인지 도통 모르겠습니다.

존재가 본질에 앞선다는 것은 어떤 의미일까요?

"하하하. 어렵게 생각할 것 없어. 존재가 본질보다 앞선다는 건 사람이 먼저 이 세상에 태어나서 자신의 삶을 사는 실존이 있고, 그 다음에 그 인간이 어떤 인간인지 본질이 나중에 드러난다는 것이란다."

"형은 어렵게 생각할 것 없다고 했지만 점점 더 무슨 말인지 모르겠어요."

베이스 형은 천천히 설명해 주었어요. 사람은 먼저 사람으로 존재한 후에 자신이 만들어 내는 무엇이 되는 것이기 때문에 스스로 만들어 가는 어떤 것이지, 정해진 무언가가 아니라고요. 한 사람은 모든 사람들에게 적용되는 정해진 목적과 가치를 위해 태어나는 것은 아니라고 말이지요.

"연필은 글씨를 쓰기 위해 만들어지고 의자는 앉기 위해 만들어지잖니? 연필과 의자는 자신들이 왜 그렇게 만들어졌고 미래에 무엇이 될지 고민하지 않을 거야. 하지만 인간은 다르지. 미리 정해진 목적을 실현하기 위해 태어나는 존재가 아니니까. 인간은 그냥 우연이야. 생의 한가운데에 어느 날 갑자기 내던져진 거라고. 자신의 출생도 현재의 모습도 되돌릴 수는 없지. 인간은 오직 '나 자신'이라는 한 개인으로 태어나서 '나 자신'으로 살아가도록 되이 있으니까."

"그럼 제가 생각하는 대로 원하는 대로 될 수가 있나요?"

"온조는 뭐가 되고 싶은데?"

"……."

나는 장사 끝나고 닫힌 슈퍼 셔터 문처럼 말문이 막히고 말았어요. 내가 무슨 꿈이 있었던가요? 되고 싶은 게 있었던가요? 하루하루 아무 일 없이 넘어가면 그걸로 만족이라니까요.

"정해진 내가 있는 것이 아니라 만들어지고 있는 내가 있는 거란다. 온조도 정말 하고 싶은 게 생길 거야. 앞으로 열심히 찾아보렴."

갑자기 형이 생각났어요. 형은 언제 그걸 찾은 걸까요? 형도 그럼 무언가 되어 가고 있는 중일까요? 자신이 바라는 대로? 자신이 원하는 대로?

"그런데 어떻게 그렇게 할 수 있나요?"

"우리는 행동을 할 때 비로소 자신의 존재에 본질을 부여할 수 있단다. 결국 행동이란 일관된 선택이라고 할 수 있지. 물론 선택은 상황 안에서의 선택일 수밖에 없지만."

나는 다시 아이스크림이 생각났어요. 정말이지 커서 뭐가 되려

아이스크림 사기로 선택
:
생산·소비·유통
:
사회·문화 활동에 참여

고 이렇게 중요한 이야기를 듣는 순간에도 오직 먹을 것만 생각나는 걸까요. 베이스 형은 이런 내 마음을 아는지 모르는지 아이스크림 숟가락을 오른쪽 왼쪽으로 움직이고만 있었어요.

할머니가 봤다면 분명 한 소리 했을 거예요. "이노무 새끼가 시계추를 삶아 먹었나, 와 이리 정신이 없노." 나는 속으로 씩 웃었어요. 그러다 형이 다시 이야기를 시작하자 짐짓 심각하게 들었습니다.

"이것이 될까 저것이 될까를 선택한다는 것은 동시에 우리가 선택하는 것의 가치를 강조하는 걸 거야. 예를 들면 네가 아이스크림을 하나 산다고 하자. 그럼 단순히 아이스크림을 먹는 것이 아니라 아이스크림을 생산하고 유통하고 소비하는 사회 문화에 참여함으로써 그것을 긍정한다는 뜻이 되지. 그래서 개인의 선택은 개인의 선택으로 끝나는 것이 아니라 인류의 선택이 되는 것이고 우리는 거기에 책임이 있는 것이란다. 그래서 자유와 선택은 철저히 개인의 문제이지만 동시에 개인의 문제만은 아니란다."

"맙소사, 아이스크림 하나 골라 먹는 게 그렇게 복잡한 것인 줄은 몰랐어요. 그럼 제가 고르는 아이스크림이 인류의 문제란 말이에요? 그런 줄 알았다면 좀 더 신중하게 고르는 건데."

"하하하. 충분히 신중했어. 너의 선택에 아마 온 인류가 만족스러웠을 거야."

베이스 형과 나는 마주 보며 웃었어요. 그 때 스스로 선택하는 한 책임에서 벗어나기 힘들 거라는 생각이 머리를 스쳤어요. 하지만 자신의 선택이 잘못된 거라면 어떻게 해야 할까요?

"그런데 형, 항상 옳은 선택만 할 수는 없잖아요. 때로는 자신이 잘못 선택한 건 아닐까 불안할 것 같아요."

"맞아. 그래서 실존에는 불안과 고독이 따른단다. 이것보다 혹시 저것이 더 맛있지는 않을까? 여기에 나쁜 것이 들어 있지는 않을까? 내가 알고 있는 맛이 과연 이 맛일까? 예전에 먹었던 거랑 다른 맛은 아닐까?"

베이스 형은 내 마음을 읽기라도 하는지 내가 알고 싶은 것들을 꼭꼭 집어서 말했어요. 선택했다는 것만으로 가치를 가질 수 있는지 그렇지 않은지 어떻게 알겠어요? 가치는 너무나 막연하고 넓으니까요.

"그럼 도대체 무엇을 먹어야 하나요?"

베이스 형은 한쪽 눈을 찡긋하더니 이렇게 대답했어요.

"그건 당신의 선택, 골라 먹으시오."

결국은 내가 선택해야 한다는 말이겠이요. 이, 그렇지. 실존이란 자유이고, 그리고 자신의 자유에 책임을 지고 비록 그 선택으로 인해 불안하고 고독하더라도 스스로 행동해야 하는 거니까요.

아무렴요, 아이스크림도 골라 먹어야 더 맛이 있답니다.

3 불안, 나 떨고 있니

그래도 여전히 의문은 남습니다. 세상 모든 사람이 자신의 의지대로 사는 걸까요? 아까도 말했지만 지금의 엄마 모습이 엄마의 뜻이었을까요? 아무리 생각해도 엄마는 우리 형제를 위해서 사는 거지, 엄마 자신만을 위해 사는 것은 아닌 것 같거든요. 돼지 불고기를 해도 나랑 형한테만 주고 엄마는 고기 냄새 많이 맡아서 싫다고 하시고요. 엄마도 고기 좋아하는 줄 뻔히 아는데.

솔직히 말하면 작년까지만 해도 엄마가 고기를 진짜 싫어하는 줄 알았어요. 엄마 생신 때 형이랑 어떤 선물을 살까 고민하다가 형이 엄마가 요즘 부쩍 힘들어하시니까 고기를 사는 게 어떻겠느냐고 하더군요. 그래서 내가 한마디 했죠.

"엄마는 고기 싫어하는데."

그날 나는 형한테 엄청 맞았습니다.

그 때는 왜 맞는지 이유도 모르고 서럽게 울었는데, 생신날 엄마가 맛있게 고기를 드시는 걸 보고 깊이깊이 반성했습니다. 세상에 고기 싫어하는 사람은 없구나, 나에게 맛있는 건 다른 사람에게도 맛있는 거구나 깨달았답니다.

사르트르는 인간은 모두 자신의 뜻대로 무언가 되어 가는 존재라고 했지만, 꼭 그런 것만은 아닌 것 같습니다. 살다 보면 어쩔 수 없는 상황이라는 게 있으니까요.

엄마는 자신은 정말 공부가 하고 싶었지만 할아버지가 학교도 잘 안 보내 주었다고, 그러니 우리 형제가 공부만 열심히 하면 온몸이 부서져라 일을 해서 할 수 있는 건 다 해 주고, 원하면 유학도 보내 주겠다고 늘 입버릇처럼 말씀하십니다.

하지만 그게 어디 마음먹은 대로 되나요? 형은 대학 갈 생각이 없는 것 같으니 엄마의 기대는 반쯤 무너진 거나 다름없습니다.

나요? 솔직하게 말해서 나는 형보다 더 잘하는 게 없습니다.

"형은 자신의 뜻에 따라 음악을 하는 거지요?"

"그렇지. 사르트르처럼 생각하는 대로 살고 싶으니까."

"그럼 자신의 선택에 대해서 한 번도 불안한 적은 없었어요?"

"한 번도 없었다면 거짓말이지. 사실은 지금도 불안한걸. 이걸로 밥은 먹고 살 수 있을까, 아무도 우리 음악을 들어 주지 않으면 어떻게 하나, 창조의 샘이 말라 버려서 어느 날 갑자기 아무것도 생각나지 않으면 어떻게 하나, 불안은 끝이 없단다."

"그런데도 계속 음악을 하고 싶어요?"

"음악을 안 하면? 그럼 더 불안하지 않을까?"

나는 잠시 생각에 잠겼어요. 하긴 음악을 안 한다고 해도 불안하긴 마찬가지일 거라는 생각이 들었어요.

비류 형은 내가 쓸데없는 걱정을 많이 한다고 엄청 구박한답니다. 하늘이 무너지지는 않을까, 일본처럼 지진이 일어나지는 않을까, 내가 학교에 간 사이 식구들이 다른 동네로 이사 가 버리지는 않을까, 잠자는 사이에 형광등이 떨어지지는 않을까, 별별 걱정이 다 들어요.

"어쨌든 인간인 이상 우리는 영원히 불안한 존재일 수밖에 없을 기아. 객정이 불안해하지는 않잖니? 불안해하는 짓가락이 있나는 소리 들어 봤어?"

나는 고개를 설레설레 저었습니다. 불안해하는 젓가락이라니, 동화나 애니메이션 영화에 나올 법한 이야기 같았습니다. 밥을 먹으려고 밥상 앞에 앉았는데 젓가락이 파르르 떨면서 '나 지금 떨고 있니?' 라고 물어본다고 생각해 보세요. 왠지 으스스하지 않나요?

"인간이 불안을 느끼는 이유는 자신의 죽음을 바라보기 때문이기도 하지만, 자신에게 주어진 무한한 자유와 책임감 때문이야. 인간은 자신의 삶과 세계에 대한 선택과 행동에 대해서 스스로 자유롭게 결정하고 판단할 수 있기 때문에 오히려 불안해하지."

인간에게는 절대 자유가 주어졌기 때문에 스스로 해결 방법을 찾아야 합니다. 하지만 어떤 선택이 옳은지 잘 알 수 없는 상황 속에서 모든 일에 대하여 혼자 책임을 져야 하잖아요. 깜깜한 산길을 손전등도 없이 혼자 가야 한다고요.

"그러니까 선택은 곧 삶이야. 불안은 인간이 살아 있는 동안 피할 수 없는 것이지. 하지만 거꾸로 생각해 볼 수도 있어. 불안을 통해 인간은 자신이 자유로운 존재임을 깨달을 수 있으니까. 그래서 사르트르는 불안을 통해서 인간은 자신의 본질을 알게 되며,

무한한 책임감으로부터 오는 불안

불안은 인간의 본질을 드러내는 것이라고 말했단다."

사르트르에 의하면 불안은 실존에 있어서 필연적인 것이래요. 왜냐하면 불안을 통해서 자신의 참된 본질을 깨닫게 될 뿐만 아니라 나아가 인간은 오직 자신만이 자신의 한계와 결함을 극복할 수 있음도 알게 되니까요.

"불안을 경험하며, 불안을 통해서 인간은 자신에게로 돌아가는 셈이지."

"하지만 전 불안하게 살고 싶지 않아요."

"하하하. 그건 나도 마찬가지야. 다른 사람도 아마 그럴걸."

"후유, 다행이다. 깜짝 놀랐네. 전 저만 엄청난 겁쟁이인 줄 알았잖아요."

"하지만 불안에서 벗어나기 위해 자유로부터 도피해서는 안 되는 거란다."

"자유로부터의 도피?"

"그래. 자유에서 도피하면 책임에서도 도피하려고 하니까. 그러면 결국 자유와 책임보다는 스스로를 속이게 되고, 이런 삶은 생각 없는 나무토막과 같은 것이니까. 불안은 자신의 본질을 비추는 거울 같은 거란다."

다시 엄마를 생각했습니다. 엄마도 살면서 얼마나 불안했을까, 자기 뜻대로 되지 않아 얼마나 속상했을까. 그래도 엄마의 인생이 원하는 대로 된 게 하나도 없었다고 생각하지는 않아요. 아마도 자신의 선택이 훨씬 많지 않았을까요? 아빠를 만나 사랑했고, 아들 둘을 두었고, 어려울 때 나서 줄 동네 친구도 많고, 밥을 굶지는 않을 정도로 돈도 벌고 있으니까요.

하지만 엄마의 뜻과는 정반대의 삶을 살려는 형은 어떻게 해야 하나요? 형을 생각하면 여전히 심장이 두근두근 뛴답니다. 엄마와의 한바탕 전쟁이 남아 있으니까요. 얼마나 엄청날지 벌써부터 떨린답니다.

만약 내 눈앞에 젓가락이 있다면 '지금 나 떨고 있니?' 라고 물어봤을 거예요. 틀림없어요.

불안은 자신의 본질을 비춰 주는 거울이다

　모든 사람이 예외 없이 자신의 자유 의지에 따라서 선택하고 실천하는 실존적 삶을 살아가는 것은 아닙니다. 많은 사람들이 이런저런 이유로 자신의 주체성을 포기하고 단순한 사물과 같은 삶을 살지요. 이것은 아무런 반성 없이 주어진 대로 사는 태도입니다. 그러나 실존적 삶은 끊임없이 자신을 변화시키고 다른 사람 혹은 사회와 더불어 사는 것입니다.

　인간은 자신의 죽음을 미리 내다보는 존재입니다. 그리고 자신이 어떻게 살아야 하는지를 고민하면서 스스로 삶의 의미와 가치를 찾으려고 애씁니다. 이러한 과정 속에서 인간은 많은 결함과 부족함을 지닌 나약한 존재로서 아무것도 아니라는 것을 알게 되는 순간 심한 불안을 느낍니다. 왜냐하면 죽음 앞에서 자신이 아무런 힘이 없다는 것을 알게 되기 때문입니다.

　인간이 불안을 느끼는 또 다른 중요한 이유는 자신에게 주어진 무한

한 자유와 그에 따른 책임감 때문입니다. 인간은 자신의 삶과 세계에 대한 선택과 행동에 대해서 스스로 자유롭게 결정하고 판단을 내릴 수 있습니다. 그러나 이러한 절대적인 자유로 인해 오히려 어떤 선택이 옳은 것인지 잘 알 수 없는 상황 속에서 스스로 해결 방법을 찾아야 할 뿐만이 아니라 모든 일에 대하여 혼자 책임을 져야 하지요.

따라서 모든 자유로운 선택과 행동에는 늘 불안이 함께합니다. 이러한 뜻에서 사르트르는 불안을 통해서 인간은 자신의 본질을 알게 되며, 불안은 인간의 본질을 드러내는 것이라고 말했습니다.

하지만 모든 사람이 불안을 직시하고 자신의 자유와 책임을 인식하는 것은 아닙니다. 많은 사람들은 불안으로부터 회피하고 싶어 합니다. 불안을 벗어나기 위하여 자유로부터 도피하고 싶어 합니다. 이는 의식과 사유가 없는 사물과도 같은 존재로 전락하는 행위입니다. 불안은 사르트르의 실존 철학에서 인간의 가장 근원적이고 내면적인 것을 드러내는 거울이고 실존의 뿌리입니다.

5

슈퍼스타

 인간의 운명은 인간의 손아귀에 있다.

-사르트르

1 고개 숙이면 보이는 것

베이스 형이랑 전철역에서 헤어져 혼자 돌아오는 길에 나는 어제와 다른 나를 느꼈습니다. 이렇게 매일매일 변하다간 10년쯤 후에는 전혀 다른 존재가 돼 버리는 게 아닐까요? 꽃양배추, 배추흰나비, 사슴벌레 뭐 이런 걸로요.

어느새 날이 저물어 골목마다 그림자가 드리워지기 시작했습니다. 주머니에 손을 찌르고 고개를 숙인 채 조금씩 진해지는 내 그림자를 밟으며 엄마가 있는 슈퍼로 향했습니다. 저녁 햇빛이 아직은 다시 붉고, 바람이 부드럽게 내 머리칼을 쓰다듬었어요. 새들은 집으로 돌아가기 전 마지막 인사를 하고 있었고요.

그런데 갑자기 이 모든 풍경이 낯설지 않다는 생각이 들었습니다. 내가 발걸음을 멈추자 그림자도 따라서 멈추었어요. 언젠가 이런 일이 또 있었나? 아니면 텔레비전에서 봤나? 그 때 마음속에서 저절로 이런 노래 가사가 흘러나왔어요.

바람은 어디로 가는 걸까
그 많던 햇빛은 누가 다 가져갔을까
새들이 노래를 그치면 소리는 어디에 숨는 걸까

어디서 들었지? 바로 형의 블로그에서 봤던 그 글이었어요. 형도 틀림없이 천천히 저녁이 오는 이 시간에 이 길을 걸었던 거예요. 갑자기 눈물이 날 것 같았습니다. 형의 마음을 분명하게 알 수 있었거든요.

세상에 확실한 건 아무것도 없어요. 변하지 않는 것은 없다고요. 언젠가 바람도 그치고, 햇빛도 저녁 어둠 속으로 묻힐 거예요. 새들도 둥지를 찾아갈 거고요.

나는 뒤통수를 뭔가에 얻어맞은 듯 길 한복판에 꼼짝도 않고 서 있었습니다.

그렇구나. 인간도 그런 존재구나. 변하지 않는 건 아무 의미가 없구나. 인간은 돌덩이가 아니라 변해 가는 진흙 덩어리구나.

그제야 베이스 형이 들려준 사르트르의 이야기가 남의 이야기나 고상한 철학이 아니라 내 마음속에, 내 몸속에서 살아 숨 쉬는 생생한 실존으로 다가왔습니다. 내가 다른 그 무엇이 아닌 바로 '살아 있는 한 인간'이라는 사실을 깨닫게 되었지요.

나는 고개를 숙인 채 그림자를 가만히 바라보았어요. 그늘로 가면 그림자는 사라지겠지요. 하지만 나란 존재는, 나란 인간은, 어디에서도 나로 존재합니다. 내가 이 세상에 존재하는 한 나는 언제나 나 자신일 거예요.

고개를 들어 하늘을 바라보았어요. 서쪽 하늘이 붉게 물들어 가고 있었어요. 구름은 언제나 변합니다. 바람이 불어도 해가 져도 자신을 스스로 구름이라고 주장하는 법이 없어요. 구름은 구름이 되기 위해서 태어난 것이 아니거든요. 오직 인간만이 자신이 누구인지, 무엇이 되고 싶은지 늘 고민하며 살아가지요.

춤이라도 추고 싶었습니다. 깨달음이란, 앎이란 이렇게 즐거운

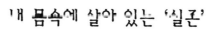

내 몸속에 살아 있는 '실존'

것이었어요. 조금 전까지만 해도 아이스크림을 실컷 골라 먹는 게 세상에서 가장 행복한 일이라고 생각했어요. 그런데 지금은 그 맛과는 비교도 할 수 없는 기쁨이 핏줄을 타고 마구마구 돌아다니다가 온몸의 땀구멍, 귓구멍, 콧구멍, 눈구멍을 타고 나와서 분수처럼 뿜어지는 것 같아요.

맞아요, 나는 살아 있는 인간이에요.

아직은 내가 무엇이 될지, 어떤 사람이 되고 싶은지 알 수 없지만, 그럼 또 어때요? 인생은 하나하나 알고 깨닫는 즐거움으로 사는 게 아니겠어요. 미리 앞날을 다 알면 무슨 재미가 있겠어요.

내 앞에는 넓이와 깊이를 알 수 없는 미래가 놓여 있고, 나는 주인으로서 마음대로 그 곳을 개척할 수 있어요. 나는 내가 원하는 무엇이든 될 수 있어요.

자신을 버리지 않는 한, 꿈을 꾸는 한 누구나 자신이 원하는 대로 될 수 있습니다. 사르트르도 이런 저녁을 만난 적이 있었을까요? 자기 그림자를 들여다본 적이 있었을까요? 살아 있다는 게 행복해 절로 노래가 나온 적이 있었을까요?

이건 내 생각이지만요, 그는 틀림없이 인간이기를 선택했을 거예요. 예에? 인간으로 태어난 것은 그의 의지가 아니라고요? 아니, 그러니까 인간이 되고 싶어 인간을 선택했다는 게 아니라, 살아 있는 동안 인간이기를 꿈꾸었을 거라고요. 제대로 된, 생각하는 인간으로 살기는 힘들잖아요.

우리가 인간으로 산다는 건 먹고 자고 배설하고 노는 것만을 의미하지는 않아요. 자기 자신이기를 포기하지 않는 것, 자기 자신으로 사는 것, 고독하지만 실존하는 인간이 참된 인간이죠.

형을 지지하기로 마음먹었습니다. 인간은 자신이 꿈꾸는 대로 살아야 하니까요. 형은 자신이 원하는 인간이 되려고 노력하고 있는 거잖아요. 그런 형을 위해 힘이 되어 주기로 했습니다.

엄마가 마음에 걸리긴 하지만, 형이 사는 인생은 완전히 형의 선택이고 그 책임도 형이 져야 하니까요. 형은 형답게 사는 게 제일 좋으니까요.

다시 내 그림자를 바라보았어요. 그림자도 물끄러미 나를 바라보았지요. 내 그림자, 내가 끌고 가는 것. 고개 숙이면 보이는 것, 그것은 바로 나 자신이었어요. 사람은 가끔 이렇게 고개 숙일 줄도 알아야 한다니까요.

다시 집으로 발걸음을 옮겼습니다. 갑자기 엄마가 보고 싶어졌어요. 엄마에게 물어볼 것도 많아요.

2 어느 멋진 날

형이 대학에 가지 않고 음악을 하겠다고 폭탄선언을 한 지 제법 시간이 지났는데도 여전히 엄마는 아무 말이 없습니다. 그만큼 충격이 컸던 걸까요? 어리면 때리기라도 할 텐데, 다 큰 자식 때려 봐야 아무 소용 없다는 걸 알고 체념하신 걸까요?

형은 요즘 더 바빠져서 얼굴 보기도 힘듭니다. 무슨 공연 준비를 하고 있는 것 같은데 물어보면 싱글싱글 웃기만 할 뿐 도통 이야기를 해 주지 않습니다.

그래도 형의 활기찬 모습이 좋았어요. 새롭게 보이기 시작했거든요. 살아 있는 것 같다고나 할까. 형은 좀 멍한 구석이 있어서 잠에서 막 깨어났을 때는 진짜 좀비처럼 보이거든요. 그건 형이 나한테 하는 말이기도 해요. 누가 형제 아니라고 할까 봐 그런 것까지 닮았나 봐요.

요즘 엄마의 속마음은 도무지 알 수가 없어요. 힘이 많이 빠진 모습이긴 해요. 형에게 더 이상 기대를 하지 않기로 한 걸까요? 아니면 사냥감을 지켜보는 사자처럼 형이 방심할 때까지 기다리고 있는 걸까요?

엄마는 결코 만만한 사람이 아니에요. 이 동네에서 10년 넘도록 꿋꿋하게 슈퍼를 지킨 것만 봐도 알잖아요. 성질 나쁜 형도 엄마한테는 꼼짝 못한다니까요.

엄마가 순순히 허락할 리는 없을 텐데. 너무 싱겁잖아요. 잘된 일 아니냐고요? 그럼 엄마랑 형이랑 한바탕 하는 그 재미를 놓치게 되잖아요. 싸움 구경이 얼마나 재미있는데요.

원래 싸움은 말리고 흥정은 붙이라고 했지만, 뭘 모르시는 말씀. 싸움의 원인이야 어찌 되었든 싸우는 과정 자체에서 카타르시스 같은 쾌감이 생긴다고요. 한바탕 싸우고 나면 속이 후련해진다고

나 할까. 엄마랑 형이 싸우는 건 싫지만, 그래도 싸움 구경을 못하는 것은 안타까워요. 아직 철이 덜 들었다고요?

하지만 그날 이후 나는 내가 어떤 인간이 되고 싶은지 고민하기 시작했습니다. 아무 생각 없이 살던 내가 미래에 대해 진지하게 생각하기 시작했다는 것 자체가 놀라운 일이 아니겠어요? 시간을 두고 천천히 생각해 보려고요. 해답이 하루아침에 뽕 하고 튀어나오는 건 아니니까요. 무엇보다 내가 이 세상에 태어난 게 아무 의미 없는 게 아니라는 걸 알게 되어서 기뻐요. 세상은 정말 살아 볼 만한 가치가 있는 것 같아요.

일요일이고 마침 형도 집에 없어 오랜만에 형의 블로그를 보기로 마음먹었어요. 그동안 너무 소홀했어, 그 짜릿한 훔쳐보기의 기쁨을 잊고 있었다니. 막 형의 방 문을 열려는 순간 전화벨이 울렸습니다.

앗, 저 소리는! 분명 형의 전화였어요. 나는 놀란 마음을 겨우 진정시키며 전화기를 들었어요.

"여보세요? 형? 뭐…… 뭐 하긴. 아, 아냐! 형 방에는 얼씬도 안 했어. 응? 지금? 슈퍼 앞으로? 왜? 알았어."

아침부터 코빼기도 볼 수 없던 형이 전화를 해서 다짜고짜 슈퍼 앞으로 나오라는 게 아니겠어요. 설마 엄마와 한판 붙으려는 건 아니겠지?

나는 불안한 마음을 억누른 채 슈퍼 앞으로 재빨리 달려갔습니다. 늦으면 또 어떤 봉변을 당할지 모르니까요. 사람이 하루아침에 달라지는 건 아니거든요. 그 성질 나쁜 한비류가 자신의 세계를 동생에게 보여 주었다고 해서 크게 바뀔 리가 있겠어요? 에고 에고, 내 신세야, 동생으로 태어난 게 죄라면 죄지요.

숨을 가쁘게 몰아 쉬며 슈퍼 앞에 도착했을 때 내 눈은 휘둥그레졌습니다. 간이 무대가 설치되어 있고 사르트르 멤버들이 떡하니 버티고 있는 게 아니겠어요. 무대 앞에는 의자들이 줄지어 놓여 있고요. 동네 사람들도 이게 무슨 일인가 싶어 하나 둘 의자에 앉기 시작했지요. 나는 엄마도 나왔나 싶어 주위를 둘러보았지만 엄마의 모습은 보이지 않았습니다.

마이크를 잡은 형이 말했습니다.

"아아, 안녕하세요. 백제슈퍼 큰아들 한비류입니다."

사람들이 함성을 지르며 박수를 쳤어요. 나도 덩달아 박수를 쳤지요. 무슨 일이 벌어질지 엄청 기대가 됐거든요.

"그리고 우리 밴드의 이름은 사르트르라고 합니다. 프랑스 철학

진정한 '나'의 모습

자의 이름을 따서 지었지요. 사르트르는 꿈을 꾸는 밴드입니다. 자신이 정말 하고 싶은 음악을 하는 사람들이 모인 밴드입니다. 저는 음악이 좋습니다. 노래 부르는 게 좋습니다. 음악은 우리를 하나로 만들어 주니까요. 그럼 노래 한 곡 올리겠습니다."

또다시 함성과 박수 소리가 이어졌어요.

하지만 나는 은근히 걱정이 되었어요. 사르트르의 음악이 동네 사람들에게도 먹힐지 확신이 서지 않았거든요.

전주가 시작되었습니다. 음, 아직은 좋군. 나는 마음을 졸이며 사르트르 밴드가 들려줄 음악을 기다렸어요. 그런데 이게 웬일인 가요? 전주가 끝나고 흘러나온 노래는 다름 아닌 어른들이 좋아 하는 〈소양강 처녀〉였어요.

"해 저무는~ 소오양가앙에~ 황혼이 지이이이면~ 짜라라란짠, 짜라라라짠짠⋯⋯."

형은 음색도 구슬프게 목청을 꺾어 가면서 천연덕스럽게 노래를 불렀어요. 형이 어찌나 잘 부르는지 곧 사람들은 너나 나나 없이 노래를 따라 부르기 시작했어요. 물론 나도 가만히 있을 수 없었 죠. 손으로 박자를 맞춰 가며 열심히 불렀답니다. 이런 노래는 다 같이 불러야 제 맛이잖아요.

노래가 끝나자 사람들은 앙코르를 외쳐 댔어요. 사람들은 점점 더 모여들었어요. 한 아줌마는 슈퍼에서 고개도 내밀지 않던 엄마를 데리고 나오는 데 성공했습니다. 엄마는 손을 휘휘 내저으며 애써 형을 바라보지 않았지만 그리 싫은 기색은 아니었어요.

엄마가 자리에 앉자 형이 말했어요.

"여러분도 잘 아시다시피 백제슈퍼 아줌마가 세상에서 가장 사랑하는 저의 엄마입니다. 남들 눈에는 평범한 아줌마로 보일지 모르겠지만, 제 눈에는 그 누구보다 아름답고 멋진 여성입니다. 그런데 제가 착한 아들은 못 되어서 엄마 속을 많이 긁었거든요. 여러분도 아시죠? 어릴 때 저랑 온조랑 맨날 엄마한테 매 맞고 집에서 쫓겨났던 거."

형의 말에 사람들은 한마디씩 거들었습니다.

"아이고, 말도 마. 허구한 날 어찌나 말썽을 피우는지 동네에서 쟤 따라갈 꼬맹이가 없었지. 동생은 또 어땠어?"

"그 형에 그 동생이었지. 이제 좀 컸다고 기억도 안 날 거야."

동네 사람들은 자갈치 시장통 사람들처럼 떠들어 댔어요. 형은 자기 이야기만 할 것이지 왜 나까지 끌어들여서 이렇게 사람을 난처하게 만드는지 이해가 안 되었어요.

"그런데 제 마음은 안 그랬거든요. 언제나 엄마 생각을 먼저 했어요. 이번에는 음악을 하는 것 때문에 엄마의 마음을 아프게 해 드렸어요. 저는 음악이 너무 좋은데 엄마는 열심히 공부해서 대학에 가기를 원하셨어요. 무엇이 과연 옳은 길인가, 오랜 고민 끝에 노래를 하기로 했습니다. 왜냐하면 제가 행복하게 사는 게 엄마 뜻대로 사는 것보다 더 훌륭한 효도라고 생각했기 때문이에요. 제가 이 길을 선택한 이상, 후회도 책임도 제 몫이고, 적어도 엄마 때문에 내가 이렇게 살았다고 원망하는 일 따위는 없을 거예요. 엄마, 저 한 번만 믿어 주세요. 자랑스러운 아들이 되지는 못하더라도 부끄러운 아들이 되지는 않을게요."

"와!"

모두들 힘껏 박수를 쳐 주었어요.

"저렇게까지 말하는데 한 번 믿어 줘. 저렇게 잘난 아들 두기가 쉬운 줄 알아? 아무튼 인물 하나는 훤하네. 마이크 잡고 떡하니 서 있는 게 텔레비전에 나오는 어지간한 가수보다는 훨씬 낫구먼."

사람들은 부럽다는 듯 말했어요. 엄마는 아무 말 없이 그냥 웃기만 했지요. 하지만 나는 보았어요. 엄마가 몰래 눈물을 훔치는 것을.

사르트르의 공연은 대성공이었어요. 〈소양강 처녀〉에서부터 〈낭랑 18세〉, 〈홍콩 아가씨〉, 엄마의 18번인 〈봄날은 간다〉에 이르기까지 멋들어지게 불렀어요. 트로트 가수라고 불러도 좋을 만큼 밴드 멤버들의 노래 실력은 뛰어났습니다.

사르트르가 자신들의 대표곡인 〈생이 내게 알려 준 비밀〉을 부를 때는 사람들이 노래는 안 듣고 수다 떠느라 어수선해지긴 했지만, 오랜만에 음악과 웃음이 어우러진 어느 멋진 날이었습니다.

3 슈퍼스타

슈퍼 앞에서 공연을 할 때 형은 진짜 스타처럼 보였습니다. 사르트르의 공연은 최고였어요. 그날 이후 동네 사람들은 다들 형을 슈퍼스타라고 불렀어요. 백제슈퍼가 배출한 최고의 스타라고요. 비록 백제슈퍼의 스타이긴 해도 아무렴 어떻습니까, 모두 다 인정하는 슈퍼스타인데요.

엄마와 형, 나는 그날 밤 오랜만에 돼지 불고기를 먹었습니다. 너무나 행복했어요. 엄마와 형이 화해를 했고, 불판 위에서는 돼지 불고기가 지글지글 익어 가고 있었으니까요. 나는 코를 연신 벌름거리며 어서 고기가 익기만을 기다렸습니다.

엄마는 형에게 소주잔을 건네주며 그동안 살아온 이야기를 들려 주었습니다.

엄마는 형이 정식으로 음악을 하겠다고 했을 때 아빠의 모습이 겹쳐져서 깜짝 놀랐대요. 내가 뱃속에 있을 때 어느 날 아빠가 갑자기 음악을 하면 안 되겠냐고 하셨다고 해요. 어디서라도 좋으니까 노래하며 살고 싶다고. 처음 듣는 얘기라 형도 나도 깜짝 놀라 하마터면 씹고 있던 고기를 뱉을 뻔했습니다.

아빠는 책을 좋아하고 음악에 재능이 많았다고 합니다. 반면 먹고사는 데는 도통 관심이 없어서 엄마의 고생이 이만저만이 아니었답니다. 그럼에도 엄마는 아빠를 사랑하셨어요. 별자리를 찾아 주고, 아맛나를 함께 먹어 주고, 그 누구보다 엄마를 사랑하셨으니까요.

또 아빠가 노래를 불러 주면 그동안 잘못한 것도 다 용서가 되었대요. 형이 할머니나 엄마를 닮아서 노래를 잘하는 줄 알았는데 알고 보니 아빠를 그대로 빼닮았나 봐요.

엄마는 아빠에 대해서 계속 들려주었어요.

아빠가 본격적으로 음악을 한다고 했을 때 엄마는 반대를 하셨어요. 다 먹고사는 일 때문이었죠. 엄마는 이렇게 말씀하셨어요.

"너희 아빠가 그렇게 일찍 갈 줄 알았으면 차라리 하고 싶은 거 원 없이 하게 할 걸 그랬구나 싶단다. 나를 얼마나 원망했겠니. 그래서 아빠가 하고 싶은 거 엄마가 못하게 한 걸 알면 너희도 엄마를 원망할까 봐 아빠가 노래를 못했다고 거짓말을 했단다."

엄마는 끝내 눈물을 보이셨습니다. 형과 나는 아무 말도 못했습니다. 엄마가 형이 노래를 한다고 했을 때 극구 반대하지 않은 건 형이 노래하는 걸 허락해서가 아니라 아빠 생각이 나셔서였다는 걸 그제야 알았거든요.

엄마가 아맛나만 먹는 것도, 밤하늘에서 북두칠성을 찾는 것도, 설탕 둘 크림 둘 넣은 커피를 하루에 두 잔 마시는 것도 아빠와의 추억 때문이었습니다. 엄마에게는 그 때가 가장 행복했던 시절이었던 거예요.

"엄마, 아빠는 정말 행복했을 거야. 이 세상에 태어나 엄마를 만났는걸. 아빠는 최선의 선택을 한 거야. 그건 아빠의 책임이지 엄마 때문이 아니라고."

나는 형의 말에 감동을 받았습니다.

자기가 어떤 선택을 하든 그것은 자신의 책임이라고 사르트르가 말했어요. 인간은 자유로운 존재이니까요. 아빠도 엄마도 형도 나도 자기에게 주어진 삶을 살 수밖에 없어요. 그리고 그 삶에서 슈퍼스타는 바로 자기 자신이지요. 엄마는 형이 따라 준 소주 한 잔을 깨끗하게 비운 다음 환하게 웃었습니다.

그날 밤, 우리는 누가 먼저랄 것도 없이 목청껏 노래를 불렀습니다.

그런데 우리 형 말인데요, 나 참 기가 막혀서. 이걸 어디 가서 말하자니 믿어 줄 사람도 없을 것 같고, 그렇다고 엄마가 지난여름에 담가서 밀봉해 둔 매실주 유리병 뚜껑마냥 입 꾹 다물고 있자니 속이 부글부글 끓어오른답니다. 그래서 참다못해 한 마디 하려고 하니 마구마구 흔들어 딴 캔에서 콜라 솟구치듯 할 말이 쏟아져 나오는데 어디서부터 이야기를 시작해야 하나 난감합니다. 아니 내 형이라는 인간이 그렇게 멋져도 되는 거예요?

사르트르가 말하는 실존과 본질

"실존이 본질에 우선한다."

사르트르의 이 말은 실존 철학의 가장 핵심적인 내용을 담고 있으며, 실존 개념을 간단하지만 분명하게 설명합니다. 실존은 단순히 실제로 존재하는 것을 의미하지 않습니다. 따라서 사르트르의 실존이라는 개념은 실제로 존재함을 거부하는 것이며, '있음'을 뜻하는 일반적인 실존과 사르트르가 자신의 철학을 통해서 말하는 실존은 의미와 내용에 있어서 큰 차이를 가지고 있습니다.

실존에 대한 이해는 자신의 삶의 의미에 대한 질문과 삶의 방향을 고민하는 것에서부터 시작합니다. 다시 말하면 인간은 누구나 자기 스스로에게 "나는 누구인가?", "어떻게 살아야 할 것인가?" 또는 "어떤 선택을 하는 것이 더 좋은가?" 하는 질문을 하면서 살아가는데, 이 질문에는 이미 사르트르가 말하는 실존적 태도가 나타나 있습니다. 왜냐하면 인간은 자신이 원하든 그렇지 않든 자신이 누구인가를 묻고 자신의 삶의 방향과 목적에 대하여 늘 고민하면서 살아갈 수밖에 없으며, 다른 사람들의 삶과 구별되는 자신만의 삶을 살도록 되어 있는 존재이기 때문입니다.

인간은 누군가 미리 정해 놓은 목적을 실현하기 위해서 태어나는 것이 아니라 한순간의 우연에 의해서 태어납니다. 그래서 자신의 출생과 현재의 상황에 대해서 항의하거나 되물릴 수 없지요. 설령 어떤 사람들의 계획과 의도에 의하여 한 인간이 태어난다고 해도 미리 계획한 대로의 삶을 산다는 것은 불가능한 일입니다.

인간은 이렇게 정해진 목적이나 이유 없이 태어나므로 개인의 본질은 우선 그 개인이 이 세상에 태어나서, 자신의 삶을 통해서 발견해 나갈 수밖에 없습니다. 이러한 의미에서 사르트르는 실존이 본질에 앞선다고 주장한 것이지요. 먼저 이 세상에 태어나서 자신의 삶을 살아가는 실존이 있고 그 다음에야 비로소 한 인간의 본질이 드러나거나 말해질 수 있다는 것입니다.

또 사르트르는 보편적 본질을 말하는 것은 많은 철학자들이 인간의 여러 본성 가운데서 한 가지만을 강조해서 인간을 설명하려는 태도에서 비롯된 것으로, 결코 인간이 무엇인가를 말해 줄 수 없는 것으로 보기도 했습니다.

비류월드로 오세요
이상한 나라의 내 동생

내 동생 말인데요, 나 참 기가 막혀서.

어지간하면 참고 넘어가려고 했는데 아무 말 안 하고 가만히 있으려니 내가 무슨 한겨울 땅속 깊은 곳에 묻어 둔 김장독도 아니고 도무지 참을 수가 있어야지요.

매일 반찬 투정에 나만 없으면 공부는 안 하고 컴퓨터 게임만 합니다. 그뿐인 줄 아세요. 엄마 대신 가게를 보라고 하면 야쿠르트 한두 개 먹는 건 예사이고 과자, 사탕, 초코바까지 거덜을 낸다니까요.

게다가 사춘기라도 되었는지 요즘에는 어찌나 까칠하게 구는지 이건 동생이 아니라 상전도 이런 상전이 없다니까요. 툭하면 구석에 처박혀 머리를 싸매고 있고, 온종일 알 수 없는 말을 중얼거리고, 나를 보면 슬슬 피하고, 자기가 무슨 지구를 떠받치고 있는 아틀라스라도 되는 양 온 세상 고민을 혼자 다 짊어진 듯한 얼굴을 하고 있습니다.

글쎄, 그 이상한 놈이 바로 동생 온조라니까요.

며칠 전에도 구석에 처박혀 뭔가 골똘히 생각에 잠겨 있더라고요. 나는 동생이 왜 그럴까 생각해 보았어요. 짐작 가는 구석이 있긴 했어요. 얼마 전부터 동생은 내 블로그를 몰래 훔쳐보고 있더라고요. 놀고만 있는 줄 알았던 형이 제가 보기에도 멋진 걸 하고 있으니 나름대로 충격을 받지 않았겠어요?

나를 저랑 똑같은 수준으로 생각하고 있었던 모양인데 천만의 말씀이죠. 명색이 형인데 아무렴 동생처럼 아무 생각 없이 살겠어요. 음악은 오래전부터 내 꿈이었다고요.

문제는 동생이에요. 어떻게 된 놈이 장래 희망도 없고, 그날 저녁 밥상에 어떤 반찬이 나올지만 걱정하는지, 정말 이해가 안 갑니다.

동생은 곧 중학생이 될 텐데, 내가 군대에 가고 나면 혼자 어떻게 험난한 세상을 헤쳐 나갈지 걱정이 이만저만이 아닙니다. 그래서 일부러 우리 밴드 연습실에 데리고 온 거라고요. 동생이 정말 하고 싶은 일이 생기기를 바라거든요.

'비류월드로 오세요~' 라고나 할까.

그런데 형, 아까 온조 데리고 나가서 무슨 이야기를 그렇게 오래 나눈 거예요? 저한테도 살짝 이야기해 주면 안 될까요? 에이, 리더면 다예요? 형 몰래 베이스 확 숨겨 버릴까 보다. 예? 형제가 똑같다고요? 그림요. 하나밖에 없는 내 동생인 걸요. 커서 뭐가 될지 정말 걱정이긴 하지만요.

통합형 논술
활용노트

01 이 책의 주인공이 스스로에게 던진 질문처럼, 여러분도 자기 자신에 대해 잘 알고 있는지 문득 궁금해질 때가 있을 거예요. 여러분은 자신이 어떤 학생이라고 생각하나요? 그리고 그것은 여러분이 원하는 모습과 어떻게 다른지 말해 보세요.

02 우리는 살아가면서 많은 결정과 선택을 하게 됩니다. 하지만 그 결정과 선택이 항상 행복하고 기분 좋은 것만은 아니에요. 사르트르가 지적한 것처럼, 우리 스스로 결과에 대해 책임을 져야 할 때가 있기 때문이에요. 가장 힘들었던 선택이 있었다면 무엇인지 떠올려 보고 그 이유를 적어 보세요.

03 사르트르는 불안을 통해서 인간은 자신의 본질을 알게 된다고 말했습니다. 여러분이 지금껏 가장 불안했던 순간은 언제였나요? 그리고 그 감정을 겪은 뒤 새롭게 깨닫게 된 것은 무엇이었나요?

04 이 책에 나오는 노래 가사들처럼 사르트르의 철학을 내용으로 한 노래 가사를 자유롭게 만들어 보세요.

05 이 책에서 주인공의 형이 엄마의 반대에도 불구하고 밴드에서 노래 하는 것을 선택한 이유는 무엇인가요? 책을 잘 읽고 이유를 찾아 적어 보세요.

통합형 논술
문제풀이

01 저는 선생님을 대할 때는 예의를 갖추지만 친한 친구들에게는 말을 함부로 할 때가 있습니다. 그리고 수업 시간에는 교과서나 공책 귀퉁이에 낙서를 하거나 짝꿍의 공부를 방해하기도 합니다. 집에 와서는 가방을 던져 둔 채 컴퓨터 앞으로 달려가 제일 먼저 온라인 게임을 합니다. 숙제를 얼른 해야 한다는 생각이 들지만 몇몇 과목은 친구 것을 베껴도 선생님께 혼나지 않기 때문입니다.

덜렁거리는 제 성격과는 반대로 차분하고 성실한 누나는 제가 원하는 모습과 비슷합니다. 저는 누나처럼 윗사람, 아랫사람, 친구들 모두에게 예의를 갖춘 사람이 되고 싶습니다. 또한 다른 사람을 배려하여 인정을 받고 싶기도 합니다.

제 단점 중 가장 먼저 고쳐야 할 점은 계획성 없이 하루를 보낸다는 것입니다. 꼼꼼하게 계획을 세워 숙제도 하고 공부도 하고 여가 시간을 잘 활용한다면 누나보다 더 훌륭한 어른이 될 수 있을 거라고 생각합니다.

02 여름방학 때 겪었던 일입니다. 가장 친한 친구가 너무 갖고 싶은 게임기가 있다면서 그것을 사려면 10만 원 정도가 필요하다고 했습니다. 어머니께 돈을 타 내야 하는데 학교 과제와 관련된 핑계를 댈 거라면서 저에게 도와 달라고 했어요. 저는 그 말을 듣고 많이 당황했습니다. 10만 원은 적은 돈이 아닐뿐더러, 저는 비슷한 이유로 부모님을 속인 적이 없기 때문에 친구를 도와 거짓말을 하게 된다면 양심의 가책을 많이 느끼게 될 것 같아서였습니다. 하지만 선생님들과 다른 친구들이 '쌍둥이'라고 부를 정도로 외모도 닮았고, 3년간이나 같은 동네에서 살아온 친구와 이 일로 인해 어색한 사이가 되는 것도 싫었습니다. 그래서 친구와의 우정과 양심 사이에서 며칠간 잠도 못 자고 고민했습니다. 결국 친구에게 그런 거짓말을 할 수는 없다고 솔직하게 이야기했는데, 사이가 벌어질 것이라고 생각한 제 걱정과 달리 친구는 웃으며 괜찮다고 말해 주었습니다. 일이 좋게 마무리되어 다행이지만, 선택의 순간까지 정말 생각도 많이 하고 힘들게 지냈던 기억이 납니다.

03 1주일 동안이나 엄마를 조른 끝에 저와 제 동생은 귀여운 햄스터 두 마리를 키우게 되었습니다. 학교에서 돌아오자마자 저는 햄스터들에게 먹이를 주랴, 행동 하나하나를 관찰하랴 분주했습니다. 똘망똘망한 눈으로 먹이를 먹는 햄스터들을 바라보고 있노라면 시간이 어떻게 가는지도 모를 지경이었습니다.

그러던 어느 날, 전 평소와 마찬가지로 집에 오자마자 햄스터들이 기다리고 있을 상자로 달려갔습니다. 하지만 상자가 있어야 할 자리는 휑하니 비어 있었습니다. 뭔가 큰 불안감이 제 머리 한 구석을 때리고 지나가는 듯했습니다. 나란히 죽은 햄스터를 잘 묻어 주었다는 엄마의 말을 듣고 나서도 눈물이 멈추지 않았습니다.

햄스터의 죽음을 떠올리면 예전에 읽었던 〈어린 왕자〉의 여우가 생각납니다. 저에 의해 길들여졌던, 그래서 저와 특별한 관계로 묶였던 햄스터였기에 그 죽음이 이렇게 슬프게 다가온다는 것을 깨달았습니다. 비단 동물뿐만이 아니겠지요. 제가 사랑하는 사람들이 세상을 떠난다면 그 슬픔은 얼마나 클까요? 평소에 잊고 지냈던 '죽음'이 햄스터 사건을 통해 제 근처로 불쑥 다가온 듯한 느낌이 들었습니다. 한편으로는 무섭지만 하루하루 열심히 산다면 나중에 눈을 감을 때 후회 없이 세상을 떠날 수 있을 것이라는 깨달음을 얻었던 사건이었습니다.

04 나는 나니까

나는 공원으로 가고 있어
걷고 싶기 때문이지
발을 한 발 내딛고 속으로 말해
뚜벅뚜벅 힘차게
멈추진 않을 거야
나는 나니까

나는 무지개를 보고 있어
알고 싶기 때문이지
숨을 한 번 내쉬고 속으로 말해
순간순간 놀랍게
멈추진 않을 거야
나는 나니까

05 　사르트르는 인간은 자유로운 존
　　 재이므로 자기가 어떤 선택을 하
든 그것은 자신의 책임이라고 말했습니다.
자유 속에서 자신이 선택한 것은 결국 자
신의 의지로 한 것이고 자신의 선택은 자
신의 삶의 내용, 삶의 의미가 됩니다.

그러므로 선택은 우리가 선택하는 것의 가
치를 강조한다는 의미를 가지게 되는 것이
기도 합니다. 주인공의 형이 노래하는 것
을 고집한 이유는 그것이 자신의 삶에서
가장 가치 있는 것이라는 믿음이 있었기
때문입니다. 또한 그러한 선택을 하고 다
가올 결과에 대한 책임을 질 자세가 되어
있었기 때문이기도 합니다.